שמר ארזי

אל תוותרו עליי

מדריך מעשי להתמודדות עם הפרעת קשב ולקויות למידה

שמר ארזי

אל תוותרו עליי

מדריך מעשי להתמודדות עם הפרעת קשב ולקויות למידה

שמר ארזי

אל תוותרו עליי

מדריך מעשי להתמודדות
עם הפרעת קשב ולקויות למידה

עריכה: לירון פיין
עריכת לשון: רסל דיקשטיין
הגהה: רעות יששכר
עיצוב ועימוד: אריק סופר

ISBN: 9798652810504

מהדורה שנייה

נדפס בישראל, תשע"ט (2019)
כל הזכויות שמורות לשמר ארזי הוצאה לאור בע"מ
הרותם 249, בית הנגיד 7687500
ת"ד 249

טל' 054–8107434, דוא"ל shemer@shemerarazi.com
מוזמנים לבקר באתר שלי www.shemerarazi.com
ובעמוד הפייסבוק "קשב ולמידה"

ספר אינו נוצר בן יום. הוא מתבשל לאט במרחב שבין הלב למוח, בשקט בשקט מקבל צורה, אבל הוא לא יכול להיוולד בלי עזרה.

אני אסיר תודה לרבים מכם אשר פגשתי במשך שנות חיי: הורים, ילדים, צוותי חינוך אשר זכיתי ללוות, להקשיב להם ולקבל הרבה יותר ממה שנתתי.

יותר מכול, תודה והודיה למשפחתי היקרה, אשר מהווה עבורי מקור כוח והשראה. ילדיי האהובים הם המורים הכי משמעותיים בחיי; מהם למדתי על אמונה, יכולת להשתנות, התמדה ושכרה, וכיצד אפשר למצוא את הדרך לשינוי – גם כשהכול נראה חסר סיכוי.

ואחרונה חביבה, רעייתי האהובה, היחידה שיודעת כיצד להכיל, להבין ובעיקר להוציא ממני את המיטב. בלעדיה לא היה כלום ושום דבר. תודה לכולכם.

לזכר מוטק׳ה פומרנץ

תוכן עניינים

תוכן עניינים

תוכן עניינים

הקדמה

שמי הוא שמר ארזי, וזה שאני כותב את השורות האלה – זה סוג של נס. כל החיים הרגשתי שאני לא כמו כולם. חושב אחרת, מרגיש אחרת, מתנהג אחרת. כל חיי שמעתי שאני עצלן, שחבל שאני לא מנצל את הפוטנציאל שלי.

כאשר חוזרים על משהו כל כך הרבה פעמים, הוא הופך כמעט לעובדה. לאמת. מגיל צעיר האמנתי לכם, לאנשים שמסביבי. בשל כך, התנהלתי רוב השנים מתוך תחושה של לוזר.

אלא שבגיל עשרים ושתיים התחיל מהלך ששינה את חיי. בגיל עשרים וארבע עשיתי בגרות, בגיל עשרים ושמונה קיבלתי תואר ראשון ובגיל שלושים ושתיים את התואר השני, בחינוך מיוחד.

•

הרבה דברים השתנו. הגשמתי חלומות שלא דמיינתי שאגשים וזכיתי להרבה רגעים של אושר. אבל דבר אחד נשאר כשהיה: התפיסה העצמית שלי. התחושה הפנימית העמוקה של הילד שיודע ש"הוא לא שווה".

זו הסיבה שהביאה אותי לכתוב את הספר הזה.

אני פה בעיקר כדי לדבר אליכם מהמקום של הילד הקטן שלא מסוגל.

אני כאן כדי לנסות לשתף אתכם בנקודת המבט של מי שמתמודד עם הפרעת קשב או לקות למידה – מבפנים. זרים לא יבינו זאת. הם רואים רק את הביטויים **החיצוניים** של הקושי. הם לא רואים מה קורה אצלי בתוך הראש, בתוך הגוף, בתוך הלב.

והרבה פעמים זה שאתם לא רואים את מה שקורה בפנים רק מעצים את התסכול שלכם, ואז מערכת היחסים שלנו נפגעת ונוצר תהליך שהולך ומסלים. לכן אני רוצה לספר לכם איך זה נראה אצלי – וגם אצל הילדים שלכם. אם יהיה לי קצת מזל אולי אצליח למנוע, ולו מילד אחד, לעבור את מה שאני עברתי.

•

את הספר הזה כתבתי באופן שבו הלב ירגיש, המוח יחשוב, והאמונה שלכם בילדכם תתעצם.

חלקו הראשון מיועד לליבכם. הוא בנוי ככניסה לעולמי כילד, כנער וכבוגר. דרך הקריאה בו תבינו כיצד הקשיים שלי באו לידי ביטוי, למה הם גרמו ומה הם עוללו לנשמתי.

החלק השני נכתב למוחכם. תמצאו בו הסברים, עצות ומידע מקצועי ומדעי, וכן משולבות בו דעותיי האישיות והמקצועיות. וכן, בגלל שהוא מדבר עליי, לא הכול מסודר לגמרי. חשוב לי להדגיש: הכתוב בספר אינו תחליף לטיפול ולא לייעוץ מקצועי. עם זאת, הוא יוכל להבהיר נקודות חשובות, להקל, ויותר מכול: להכניס אתכם למה שמתרחש בראשו של ילד שדומה מאוד לילד או לילדה שלכם.[1]

אני מאחל לכם קריאה נעימה ומועילה, והכי חשוב: לזכור שאמונה, השקעה והתמדה יביאו לתוצאות הרצויות.

---

[1] מטעמי נוחיות ואילוצי השפה העברית בלבד, רוב הספר כתוב בלשון זכר. חשוב לי לציין שאין בספר הזה שום אפליה בין המינים, וכל מה שנכון לילד – נכון גם לילדה.

חלק ראשון:

אני

ההתמודדות האישית שלי
כילד עם הפרעת קשב

החיים בבית

מה אני עושה פה בכלל?

"כשתינוק נולד, דבר ראשון בודקים שהכול אצלו תקין, שיש אצבעות, ידיים, עיניים, רפלקסים ראשוניים. יש צ׳ק ליסט. אוקיי, מביאים את הילד הביתה. בן בכור. כולם שמחים. ואז מתחיל תהליך שבו הילד מתפתח, הולך ומדבר כמו שצריך מצד אחד, ומצד שני הוא הופך לסוג של נאג׳ס כזה.

למשל, וזה משהו שאני מכיר עד היום, היו לי בעיות שינה ממש קשות. אני זוכר שרוב הזמן הייתי ער ולא הפסקתי לבכות (מעניין מה כבר ידעתי אז). סבתא שלי סיפרה לי שהיו נוהגים לקשור חבל ללול שלי, ותוך כדי שינה היו מנענעים אותו – שאיכשהו, אולי בכל זאת, אירדם.

באמצע היום, לעומת זאת, הייתי מותש וניקרתי. ככה זה היה בילדות, ובמובנים רבים ככה זה עד היום.

ואתה לא יודע להסביר את הדברים האלה. נראה לך שכולם ככה, וככה העולם. הסביבה לא מבינה את זה. כשהולכים לרופא, הוא אומר שהכול בסדר, "את אימא לחוצה, הכול בסדר עם הילד שלך".

וגם לך זה נראה נורמלי. בדיוק כמו שחשבתי אז, שכולם רואים כמוני וכולם מבינים כמוני. איזו סיבה הייתה לי לחשוב שלא? מתי יש לבן אדם הזדמנות לחשוב שהוא לא כמו כולם?

כנראה באתי לעולם הזה עם מטען. לא ממש הסתגלתי, לא אהבתי כמעט כלום, ורוב הזמן הייתי במגננה. "אל תיגעו בי", "אל תעשו רעש", לא רוצה את האוכל הזה", ועוד ועוד. אהבתי דברים מאוד ספציפיים, והשאר היה נראה אחרת, קשה ולא ברור. בכלל לא ניסיתי דברים אחרים.[2]

---

[2] הערה מקצועית: יש חשיבות רבה לשלבי ההתפתחות הראשונית: התפתחות שפה, התפתחות מוטורית והתפתחות רגשית. אם חשים שיש לילד קושי כלשהו, במקום לחפש תוויות – נכון ועדיף לפנות למכון להתפתחות הילד.

•

גדלתי בבית קטן וחם. עד הבר-מצווה גרתי עם אחותי באותו החדר. בית פשוט ברמת גן, בשכונה כמו של פעם, של בתים בני קומה אחת, גינה קטנה. שיכונים. כולם היו מוציאים את הכיסאות החוצה ויושבים. עד היום ההורים גרים שם.

בבית היו שלושה וחצי חדרים. באיזשהו שלב שינו את הבית, הוסיפו עוד חדר והפרידו בינינו. לא היה שם יותר מדי. שטיח, מיטה, שולחן, ספרייה, אנציקלופדיה של "תרבות". חייב "תרבות". כל הכרכים. לא היו אז טלוויזיה ומחשב. תשעים אחוז מהזמן הייתי בחוץ: כדורגל, אופניים, רב עם זה ומסתכסך עם ההוא.

•

זה היה בית מאוד שמח, אבל אני לא הרגשתי קשור לשמחה הזאת. אנשים היו באים אלינו הביתה ומנגנים, חפלות כאלה, ואני לא הייתי יכול לסבול את זה, בגלל הרעש והבלגן. בתפיסה של הבית שלי הייתי זה שלא אכפת לו. כאילו לא קשור. אחותי הייתה מחוברת יותר, אבל אני תמיד הייתי הולך מהבית כשהחגיגות היו מתחילות. לא יכולתי לסבול את זה.

אבא שלי הוא בדיוק הפוך ממני. הוא בן אדם מאוד חברותי ומאוד אהוב. עד היום הוא מוקף באנשים שאוהבים אותו. הוא המסמר של כל מקום שהוא מגיע אליו. אני הייתי בדיוק בצד השני; "עזוב אותי, לא רוצה ללכת, לא רוצה את זה".

בלילה הייתי משחק, מעסיק את עצמי. הייתי ילד מאוד עצמאי, שקוע בעולם שלי; לא הפרעתי לאף אחד ולא השתוללתי. במבט לאחור, זה לא היה נכון מצידי לא למשוך תשומת לב – אולי אם הייתי עושה בלגן, היו שמים לב לזה.

•

ההורים שלי לא הצליחו להבין אותי. למעשה, רוב הזמן הם האשימו אותי במה שקורה. ואיך לא יאשימו אותי? הם עצמם היו עוד ילדים. תבינו, כשאני נולדתי – אבא שלי היה בן שמונה עשרה, ואימא שלי הייתה בת שבע עשרה. פעוטות! היום כמעט לא שומעים על זוגות כאלה, למעט במגזרים מסוימים.

אבל זו רק ההתחלה. אימא שלי ממשפחה של ניצולי שואה, ואבא שלי עלה לארץ מתימן עם אימא אלמנה. כשנולדתי הוא היה בסך הכול חייל בצבא, חסר-כול. הם היו צריכים לשרוד ואיכשהו לעשות בית.

ייאמר לזכותם של ההורים שלי, שגם בזמנים שלהם לא היה כלום – לי תמיד היה הכול. מבחינה חומרית תמיד היה לי הכול. לא שזה כל כך סיפק אותי, אבל תמיד היה לי. ההורים שלי באמת עשו כל שביכולתם. אבל כשכל מה שהם ניסו לעשות לא הצליח להם איתי, את מי עוד הם יכלו להאשים?

אותי.

גן, לא משחק ילדים

"אני זוכר את הגן שלי היטב. הוא היה במקום גבוה, היו צריכים לטפס עשר מדרגות כדי להגיע אליו. המבנה היה בפינה של רחוב יחסית סואן, והוא היה מוקף כולו בגדר חיה, גבוהה. את הגננת אני זוכר לטובה. קראו לה צילה, אני חושב. אני יכול ממש לראות אותה, עם פנים עגולות, שיער מקורזל, ורוב הזמן מחייכת. היא תמיד הייתה ניגשת אליי, מנסה לשאול, לשחק, ואני בעולמי. אני לא שוכח עד היום את ריח האוכל של ארוחות הצהריים. הריח היה הורג אותי.

בגן עצמו היו מתקנים של פעם. היה מתקן מברזל שהייתי יושב עליו ונשרף מהחום. בצד הייתה נדנדה עתיקה, נמוכה, שכמעט לא זזה. מאחוריה היה שיח.

את המתקנים האקסטרימיים יותר לא אהבתי. עכשיו אני יודע גם להסביר למה, אבל אז פשוט לא אהבתי.

זה היה גן לתינוקות, כמו מעון כזה, שנמצאים בו עד ארבע אחר הצהריים. שם התלוננו בפעם הראשונה על זה שאני לא ישן, גם לא אוכל כל כך. עד היום יש דברים שאני לא מסוגל לאכול, כמו ביצים. חביתה אכלתי לאחרונה אחרי הפסקה של עשר שנים. אני אוהב מאוד תפוחי אדמה. פחמימות – זה מה שאני רוצה. אבל פירה אני לא יכול לאכול. לא אוכל דברים שהם "מושי". או, נגיד, אם משהו היה נוגע במשהו אחר – הוא היה פסול למאכל מבחינתי.[3]

החיים בלי פילטרים

" קשה לי להתמודד עם רעש. אני פשוט לא יכול. ממקומות רועשים אני פשוט קם ויוצא. זה מפריע לי היום, וזה הפריע לי גם כשהייתי קטן. לא יכולתי לסנן רעשים, ובמצבים שנראו לאחרים נורמליים לגמרי, בתוך הראש שלי ניגנה ברעש תזמורת מזייפת, ולא יכולתי להשתיק אותה. היא הוציאה אותי מדעתי.

באתי מבית דתי, וכשהייתי קטן הייתי הולך עם אבא שלי לבית הכנסת. אבא שלי תימני, אז כמובן הלכנו לבית כנסת של תימנים. מי שהיה בבית כנסת כזה יודע שרוב התפילה היא בשירה. שירה בקול גבוה. אחרי שלוש דקות בבית הכנסת הייתי מקבל ויברציות בכל הגוף. פשוט לא יכולתי לשאת את הרעש.

הייתי בורח החוצה.

אבא שלי היה בא אחריי, כולו עצבני. הרי חשוב כל כך ללכת לבית הכנסת, ואני בורח? הוא היה שואל, "לאן אתה הולך, מה אתה עושה, איך אתה מתנהג?"

---

[3] הערה מקצועית: כדאי לשים לב אם יש קושי תחושתי שמסביר את ההתנהגות הלא מותאמת. מרפא בעיסוק יכול לאבחן את עניין הוויסות החושי, ויש לכך שיטות טיפול שונות. ארחיב בנושא בחלקו השני של הספר.

הוא היה רוצה לקבור את עצמו. לך תסביר לו שאתה לא מתכוון לעשות לו
עניינים – אתה פשוט לא יכול. אתה סובל.

הייתי קטן, לא ממש יכולתי להגיד לו, "תקשיב, אבא, הרעש הזה מפריע לי,
אני לא יכול להתמודד עם זה". אז שתקתי.[4]

•

הבית שלי היה שומר שבת, אבל לא חרדי. שמרנו שבת בדרך שלנו. זה עניין
חשוב – כי למדתי בבית ספר ממלכתי דתי, אבל לא באמת שמרנו שבת, כלומר,
שמרנו בדרך שלנו.

מבחינתי כילד זה היה בלגן. מצד אחד הולכים לבית הכנסת, לא נוסעים
בשבת, אימא לא מבשלת בשבת – אבל מצד שני מדליקים חשמל ורואים
טלוויזיה.

המשמעות עבורי: לא יכולתי להביא חברים הביתה. החברים שלי היו
כולם דתיים, בבית הספר שלי היה אסור הכול, אבל אצלי ראו טלוויזיה בשבת.
כשהיינו הולכים ל"בני עקיבא" הייתה לי בעיה, לא רציתי שיעברו דרך הבית
שלי. אז הייתי עושה כל מיני טריקים כדי שנלך מרחוב אחר, כדי שלא נעבור דרך
הבית שלי, שהחברים לא ישמעו שהטלוויזיה דולקת.

הדבר הכי גרוע לאחד כמוני הוא גבולות לא ברורים. בשלב מסוים באתי
להורים שלי והתעקשתי. אמרתי להם, "אני מבקש מכם, אל תדליקו טלוויזיה".
אחר כך, כשהתבגרתי, אמרתי, "תדליקו, תדליקו". זה קרה מהר מאוד.

---

[4] בגיל צעיר חשוב לבדוק את הוויסות חושי, המשקף את האופן שבו הילד מארגן
מסרים עצביים ומגיב להם. יכולת תקינה של ויסות חושי עוזרת לארגן את התגובה
לגירויים חושיים באופן מתון ומסתגל, ולהימנע מהתנהגויות שאינן מתאימות – כלומר,
קושי בעיבוד מידע. פעמים רבות קושי בוויסות החושי נראה כהפרעת קשב – אך המענה
לכך הוא אחר וצורת ההתערבות שונה.

•

היחסים שלי עם אחותי היו על הפנים. לא הסתדרנו בכלל. היא דומה להורים שלי, מאוד ורבלית, מאוד מתערבבת, ואני ההפך. היא צעירה ממני בשלוש שנים, ותמיד היו לה מלא חברים. היא אומנם לא הייתה מלכת הכיתה, אבל היא ידעה להסתדר ולהצליח. היא הייתה מסתדרת הרבה יותר טוב ממני, הצליחה הרבה יותר ממני. במידה מסוימת קינאתי בה, כי היא קיבלה יחס הרבה יותר טוב ממה שאני קיבלתי.

כל הזמן היינו בכיסוחים, כי לא הייתי יכול להתמודד איתה מבחינה ורבלית. היום זה לא מה שהיה פעם, אבל אז, אחרי המשפט השלישי, הייתי אומר לה, "בסדר, בסדר". וככה הייתה נגמרת השיחה.

•

ומה היה קורה? היא הייתה עושה לי "ככה", עם היד, ואני הייתי שותק. ואז היא הייתה עושה לי "ככה", וגם הייתי שותק. לא מגיב. אבל הכול מצטבר בפנים, ואז היה מגיע יום שבו אם מישהו היה מזיז לי משהו מפה לפה – זהו, סוף העולם היה מגיע. הייתי מתפוצץ.

יום אחד ישבתי ככה במיטה, ואחותי באה. פתאום הבאתי לה בעיטה. הוצאתי לה את הכתף מהמקום. אני לא יכול לשכוח את זה. הייתי בן שתים עשרה, היא הייתה בת תשע. לא נעים בכלל.

כשהייתי אלים הצטערתי על זה אחר כך, ולכן בתשעים אחוז מהמקרים לא הייתי אלים בכלל. אבל בלי להתכוון, עדיין היו לי הסתבכויות כל הזמן. פעם אחת, בערך באותו הגיל, נשמעו דפיקות בדלת הבית. אני לא אשכח את זה בחיים: אבא שלי פותח את הדלת, אימא שלי רוכנת מעליו. בפתח שוטר – שמחזיק אותי.

"זה הבן שלך?"

אבא שלי לא עונה.

אחרי כמה שניות אימא שלי אומרת, "כן, כן, כן, זה הבן שלי. מה קרה?"

מה שקרה הוא שבבית הספר היה אולם ספורט, ואנחנו רצינו לשחק. יצאנו
לשחק בערב כדורסל; אבל אי אפשר סתם להיכנס ולשחק, צריך לקבל רשות, יש
אחראי, צריך לקבל מפתח. אנחנו, רשות? מה פתאום. באנו ופרצנו. ככה כל יום.
אחרי איזה שבוע נמאס למנהלת מהפריצות והיא שלחה ניידת.

רציתי למות.

אבא שלי קרא לי לשיחה ואמר, "תשמע, יש לי בקשה אחת ממך: לא משנה
מה קורה, אנחנו נעזור לך, אני אדאג לך, בבקשה ממך, דבר אחד, אל תעשה
בושות למשפחה".

שנים המשפט הזה רץ לי במוח.

•

ההורים שלי לא הבינו מה קורה, אבל כן הבינו שלא יצא מהבן שלהם כלום.
אבא היה מגיע לאסיפת הורים ושואל, "איך הילד שלי מתנהג?" וזהו. תודה
רבה. לא מעניין אותו כלום. "הילד לא לומד? לא משנה, אנחנו נדאג לו למורים,
העיקר שיתנהג יפה".

אימא שלי כל הזמן ניסתה להגן עליי. כשרציתי משהו חזק — זה תמיד היה
דרך אימא שלי, ואז היא הייתה הולכת לאבא שלי ומשגעת אותו. הם היו רבים
בגללי הרבה. הייתי מבקש מאבא שלי משהו, הוא היה לא נותן לי, אז הייתי הולך
לאימא שלי והיא הייתה נותנת לי. לא הייתי אומר לה שאבא לא הרשה, והם היו
מתחילים לריב, "למה את נותנת לו?"

הייתי מתיש את ההורים שלי בבקשות, וברוב המקרים הייתי מקבל את מה
שרציתי. זה מדהים, כי אני רואה היום את הבת שלי, והיא עושה בדיוק את אותו
הדבר, בדיוק. אפשר לומר שהרבה ילדים פועלים ככה, ההבדל הוא רק בעוצמה

ובתדירות. באגרסיביות של זה.

אחרי הבר-מצווה שלי רציתי אופניים. עשרה הילוכים. כל הדרכים היו כשרות עבורי כדי להשיג את האופניים האלה. הטרפתי את העולם.

אמרתי להורים שלי, כאילו על הדרך כזה, "תראו, תראו, להוא יש אופניים חדשים, והנה, גם לזה יש אותם". אחר כך אמרתי לאחד החברים שהיו לו אופניים, "בוא אליי עם האופניים". כשהוא היה בא, הייתי אומר לאימא שלי, "תראי, תראי איזה קלים הם, איזה יופי הם", ואז היא הייתה מחייכת ואומרת, "טוב, דבר עם אבא".

כשראיתי שאין התקדמות, הלכתי לאבא שלי ואמרתי לו, "בוא נעשה הסכם, אני אעשה כך וכך ואתה תקנה לי אופניים". הוא אמר, "לא. אתה לא מכבד הסכמים". אבל לא ויתרתי. אמרתי לו, "אתם עושים לי את זה בכוונה". וככה המשכתי לנדנד ולשגע את כולם. זה לקח שלושה שבועות, אבל בסוף קיבלתי את האופניים. ככה זה היה עם כל דבר שרציתי.

בית ספר

התלמיד הלא שייך

המעבר לכיתה א' היה בעייתי. את היום הראשון בבית הספר אני לא אשכח לעולם. בית הספר היה במרחק הליכה מהבית, חמישים מטר. צעדנו לשם, אבא שלי ואני. ככל שהתקרבנו – אני האטתי את הקצב, כאילו כבר ידעתי שזה לא בשבילי.

אבא שלי, לעומת זאת, היה נרגש מאוד. הוא כל הזמן דחק בי, "בוא, בוא", בלי להבין למה אני גורר רגליים.

כשהגענו לשער בית הספר התרחש הרגע הגורלי. אבא נתן לי חיבוק ונשיקה על הראש, ו... אין לי מילה אחרת לזה, הפקיר אותי.

●

מהר מאוד הבנתי, בתחושה שלי, שאני לא שייך לשם. זה לא היה המקום בשבילי, אבל בגלל שלא הפרעתי, בגלל שלא עשיתי בעיות, איכשהו הצלחתי לעבוד על כולם. רוב הזמן הייתי חולם, שרוי בעולם שכולו טוב.

לקח לאנשים הרבה מאוד זמן להבין שאני בכלל לא יודע לקרוא. חבר שלי שאל אותי מה כתוב פה ומה כתוב שם, וכתשובה המצאתי, סתם. וברגע שהבינו, הכול התחיל להיות יותר מסובך. התחילו לשאול שאלות.

אני יכול להגיד שהקושי התחיל בכיתה ג', שם מתחילים להרגיש את ההבדל, כי שם יש גם מבחנים. התלמידים האחרים מצליחים, אתה לא. מהר מאוד הבנתי את זה, וחיפשתי כל דרך כדי להבטיח שאף אחד לא ידע שאני לא כמו כולם.

ראיתי איך זה אצל כולם ואיך זה אצלי. ההוא לומד ומצליח, אבל אני לומד

ולא מצליח. לילד ההוא המורה נותנת הערות חיוביות, אבל לי המורה נותנת
הערות שליליות. הבנתי מה קורה סביבי, לא צריך להיות גאון כדי להבין, אז
אמרתי לעצמי, לא במודע, "אוקיי, עכשיו צריך להפסיק".

ככה התחלתי להיות אלוף העולם ב"הפרד ומשול".

אף אחד לא ידע באמת מה קורה איתי. אף אחד. אימא שלי ידעה מה שרציתי
שהיא תדע, בית הספר ידע מה שרציתי שהוא ידע, וכל הזמן עשיתי מניפולציות.
זה בעייתי, כמובן. זה לא יכול להימשך. כשאתה סותם חור, מתישהו ייפתחו שני
חורים. בסוף כולם יודעים הכול.

התחושה הבסיסית ביותר שלי, דבר שאני זוכר כבר שנים, הייתה הישרדות.
לא להצליח, אלא רק לעבור את היום, את הרגע. כשמישהו שאל אותי משהו, לא
חשבתי על תשובה, אלא על דרך להתחמק מהשאלה. כל הזמן הישרדות.[5]

●

היום הכי נורא בשנה עבורי היה היום האחרון של החופש הגדול. תמיד.
היה טקס שלם, ההורים שלי היו מדברים איתי, הייתי מבטיח להם שהשנה אני
הולך להצליח – וזה באמת היה מצליח. עד סוף החגים.

איך שהחגים היו מסתיימים, הייתי מתחיל לשכוח את הספרים, את
המחברות, כותב מהסוף להתחלה. מתייאש. כל פעם הייתי מחפש איך לצאת
מזה. כל הזמן הייתי בבלגן – גם אם במציאות עצמה בכלל לא הייתי בבלגן.
למשל, וזה חזר הרבה, היו מצבים שהייתי מגיע לכיתה מסודר; יש תיק, יש
מחברות, יש ספרים, יש הכול. אבל אז המורה הייתה אומרת להוציא ספר של
שפה, ואני הייתי ניגש לתא של הספרים והופ, אין ספר. אני לא רואה אותו.

---

[5] לילדים עם הפרעת קשב יש יכולות גבוהות. האינטליגנציה שלהם תקינה, ולרוב היא
מעל הממוצע. לעיתים היכולת הזאת גורמת להם לתסכול, כי הם מבינים שהם לא
מצליחים לעמוד בדרישות של הסובבים אותם, מתביישים בכך ומתחילים לחפש דרכים
להסתיר זאת.

מה אמורים לעשות במצב כזה? לחפש בתאים האחרים שבילקוט, נכון. הגיוני שהספר נמצא בתא השני, אבל ההיגיון שלי אז לא פתח לי אפשרות כזאת. זה בכלל לא היה כיוון מחשבה, לחפש סנטימטר ליד.

במקום זאת הייתי נאלם דום. ואז הייתי מרים את היד ואומר למורה, "שכחתי את הספר".

והמורה, מה הייתה עושה? ברור שהיא לא הייתה מגיעה לחפש לי בתיק. היא פשוט הייתה רושמת בפתק שלא הבאתי ספרים – הגיוני, זה מה שמורות עושות – ואז היא הייתה אומרת לי לתת את הפתק להורים.

כשהייתי חוזר הביתה אבא שלי היה נטרף. נטרף. הוא היה פותח את התיק ורואה מה יש בפנים.

"הנה הספר!" הוא היה שואג, ואז מתחיל ריטואל. "אתה עושה לנו בכוונה, לא אכפת לך, סתם אתה מבטיח הבטחות".

זה היה משגע אותו. הוא היה ממשיך ומדבר אל אימא שלי, "את אשמה בהכול, את מפנקת אותו, את רואה?"

זה היה מוציא אותה מדעתה.

ואני הייתי מגיב, כמובן, ב"אבל מה עשיתי?"

והם היו משתגעים עוד יותר.

וכל פעם היה אותו הטקס, אותו הטקס.

•

בסוף נמאס לי מזה. כשהמורה הייתה מביאה לי פתק – הייתי חותם במקום אבא שלי ומחזיר לה. אחרי חודש המורה התקשרה. "אדון ארזי, עם כל הכבוד למכתבים ולחתימות שלך, הילד שלך לא יכול להמשיך לבוא ככה לבית הספר".

ואבא שלי, התימני כהה העור, נהיה לבן. כל הדם ירד לו מהפנים.

ואני שומע אותו ממלמל, "מכתבים?! אני?! החזרתי לך?!"

אבא שלי תפס אותי והלך איתי את כל החמישים מטר עד בית הספר. כבר

ידעתי מה הולך לקרות. באתי רועד.

המורה הוציאה קלסר והראתה לו, ״הנה חתמת פה, חתמת פה״.

זה לא נגמר בטוב.

ליד המורה אבא שלי לא אמר כלום, אבל כשחזרנו הביתה הוא התפוצץ.

זו הייתה הפעם הראשונה והפעם האחרונה שקיבלתי סטירה. אבא שלי אמר לי, ״לא משנה מה יקרה לך, בחיים אל תשקר לי״.

אני זוכר שהוא אפילו הלך ובכה בצד.

אימא שלי שאלה, ״מה קרה?״

לך תסביר להם שאתה לא ״כזה״. לא הייתה לי בעיה להגיד, ״לא הסתכלתי בתיק״. אבל שהמורה תסתכל בתוך התיק שלי, כאילו שאני תינוק? זה לא.

•

אני זוכר ששום דבר ממה שהייתי צריך לעשות – לא היה נעשה בזמן.

סתם דוגמה, לפני חופשת הפסח הייתי מקבל עבודה לעשות. בדרך כלל מארגנים את זה: או שעושים הכול מייד כדי לגמור עם זה כמה שיותר מהר, או שמחלקים את העבודה לימים. אבל אני כל הזמן אמרתי, ״מחר, מחר, מחר״, וכמובן לא עשיתי כלום, עד שפשוט שכחתי מזה. לילה לפני החזרה לבית הספר נזכרתי. קפצתי ואמרתי, ״יאללה, בוא נשב מהר, נעשה משהו״.

כי שכחתי מזה לגמרי.

ככה כל הזמן.[6]

•

[6] דחיינות היא תופעה מוכרת שנובעת מפגיעה בתפקודים הניהוליים. כתוצאה מכך, תפיסת הזמן היא של ״כאן ועכשיו״. החיים מתנהלים רק ״ברגע הזה״, ולכן קיים קושי רב בתכנון קדימה ובארגון של הזמן.

באותה התקופה, במסגרת החינוך הדתי ברמת גן, לא היו חטיבות, היה רק
תיכון. בסוף כיתה ו' הנוהג היה להיבחן כדי להיכנס ל"מכינה", מוסד חינוכי
שנמצא בקריית אונו, ואחריו הולכים לישיבות. מדובר במוסד מאוד יוקרתי
במגזר הדתי, וכולם רוצים להתקבל אליו.

מתוך כל אלו שנבחנו – רק שלושה לא התקבלו, ואני בתוכם. הייתי נורא
מבואס. אבא שלי הציע שאלך לפנימייה צבאית. הלכתי להיבחן – וגם לשם לא
התקבלתי. נתנו לי מבחן פסיכוטכני עם צורות, ולא היה לי מושג בכלל מה רוצים
ממני. הרגשתי אידיוט.

התווית הזאת הלכה והתלבשה עליי. לאט לאט הוטבע בתוכי שאני לא
מסוגל. שאני לא יכול, שלא יצא ממני כלום.

נוכח נפקד

,, הכעס הגדול שלי היה על המערכת, על המורים, על היועצים של בית
הספר. הפגישות עם יועצת בית הספר היו אירועים טראומטיים. בכל
השיחות שלי הייתי בחזקת נוכח נפקד. היו קוראים להורים שלי,
ואז שולחים מישהו כדי לקרוא לי באמצע השיעור. "שמר, אתה צריך ללכת
ליועצת". ככה, מול כולם.

הייתי בא, יושב עם ההורים, והיועצת הייתה מנהלת את השיחה כאילו אני
לא נמצא שם בכלל. תמיד זה התחיל ב"מה שלומכם?", "בסדר". ואז הם היו
מתחילים לדבר, ואני ככה, כמו עציץ. היא אמרה להם, "מה דעתכם? אולי נעביר
אותו לבית ספר מקצועי? חבל, אולי שם הוא יוכל לרכוש מקצוע".

לא באמת שאלו אותי מה אני רוצה.

רציתי למות, אבל אני סתגלן.

אמרתי לעצמי, "מה אני צריך לשמוע אותם? הם מבלבלים את המוח. בסוף
גם ככה אני עושה מה שאני רוצה". שמונים אחוז ממה שהם אמרו – בכלל לא

שמעתי. הם מדברים, ואני בעולם משלי. החלטתי לברוח משם, לעשות כל מה שאפשר כדי ללכת. לכן החלטתי שלכל שאלה שישאלו אותי אני אגיד, "כן, כן, כן", ובזה השיחה תסתיים.

עד לפעם הבאה, כמובן. בחודש הבא.

אבא שלי, כל מה שעניין אותו היה שיגידו שאני ילד טוב. דרך ארץ קדמה לתורה. בכל פעם הוא היה שואל, "איך הוא מתנהג, בסדר?" היו אומרים לו, "הוא בסדר. אבל מה עם הלימודים?"

"יהיה בסדר, אנחנו נעזור לו, ניקח מורים פרטיים, מה שתגידו, מה שצריך".

●

כשהיינו יוצאים מהחדר של היועצת השיחה הייתה ממשיכה בתסריט קבוע. "שמר, נכון שיותר לא תעשה ככה?" ותמיד היו משפטים בסגנון, "אבל כמה פעמים כבר דיברנו איתך... וכמה פעמים הבטחת..."

ילדים זה עם

" כיוון שעולם הילדים הוא עולם אכזרי, וילדים מהר מאוד יודעים לזהות את מי לעצבן ועם מי לא להתעסק, אז אחד כמוני הוא אחלה מטרה. בשנייה אחת אני יוצא מדעתי. מספיק שאחד היה קורא לי "משקפופר", ואני הייתי נדלק.

אני זוכר שפעם ישבתי בכיתה ואמרתי לעצמי, "היום אני רוצה שהכול יהיה טוב". ישבתי, כתבתי והעתקתי מהלוח, ומישהו עבר לידי ובטעות הפיל בקבוק מים. המים נשפכו על המחברת שלי.

איך הרגשתי? כעס. זה נורמלי. טבעי. אבל אם אצל רוב האנשים זה נעצר שם, אצלי זה לא עצר. התגובה יצאה כמו מלוע, כמו לבה, ז'ט ככה. וכשזה יוצא

ככה, אין קשר בין מה שקרה ובין התגובה שלי. באותו הרגע לקחתי את בקבוק
המים ודפקתי לו בראש.

ובמה כולם התעסקו? לא בזה ששפך לי מים על המחברת, לא בזה שמדובר
במשהו לא תקין, אלא בזה שאני דפקתי לו את הבקבוק בראש.

כמובן, מה שעשיתי היה לא בסדר! אבל מבחינתי הרגשתי דפוק פעמיים.
פעם אחת בגלל מה שהוא עשה לי, ופעם שנייה על זה שעכשיו גם מענישים
אותי.

•

יש לי הרבה דוגמאות כאלה. הייתי אומר שאני לא רוצה להיות חבר של
זה שהדליק אותי, אבל אחרי זה הייתי נרגע ורוצה להיות חבר שלו. אלא שלא
יכולתי, כי לא היו לי מיומנויות. זה מי שהייתי. אני לא יכול להגיד מה היה קורה
אילו הייתי מישהו אחר.

חטפתי גם מכות. פיזיות. הייתי מסתובב בשכונה, וכמו בכל שכונה היו גם
אנשים שאתה לא יכול להתעסק איתם. כולם יודעים מי הם. פעם הגיעה איזו
חבורה, מאלו שיודעים שהם עבריינים. הייתי עם כדור, והם אמרו לי, "תביא את
הכדור". לא הבאתי להם את הכדור. למה? חוסר הגמישות שלי. מאה אחרים
לפניי הביאו להם מה שהם רצו, אבל אני לא.

שנייה אחרי שעשיתי את זה אמרתי לעצמי, "איזה מטומטם אני!" וברחתי.
הם רדפו אחריי, חיפשו אותי, ובסוף באו והחטיפו לי. אחר כך במשך חודשים
פחדתי להסתובב באזור.

הפרעת קשב משפיעה על הרבה יותר תחומים ממה שאתם יכולים לדמיין.

אני, מטומטם?

" המעבר לתיכון היה טראומטי.

ביום הראשון, כשכל התלמידים החדשים עדיין מבוהלים ויושבים מכונסים, נכנס לכיתה המורה. איש חמור סבר, קטן קומה, עם זקן מחודד וקול שלא אשכח לעולם.

"אתם יודעים", הוא הכריז, "בסוף השנה לא כולם נשארים פה. אנחנו מעיפים! שלא תחשבו שכולם נשארים פה".

באותו הרגע חטפתי כאבי בטן, פיזיים, שנמשכו שנתיים, בכל יום ראשון הייתי בבית החולים בבדיקות. מה שנקרא, פסיכוסומטי. היו משחררים אותי מהלימודים בשביל זה. אבא שלי היה לוקח אותי לבדיקות. הכול באופן רשמי ומסודר.

הרופאים הכניסו אותי למעקב, אבל אף אחד מהם לא אמר שזה אולי קשור ללימודים, שאולי זה נובע מהחרדות שיזרקו אותי בסוף השנה. לא הייתה מחשבה על זה בכלל.

רציתי לעזוב את בית הספר. חשבתי על אקסטרני, אבל זה היה מחוץ לתחום. ההורים שלי לא הסכימו בשום אופן. אז הגענו להסכם: אהיה בבית הספר כנוכח נפקד. אני, מצידי, שומר על הכללים הבסיסיים שצריך – ולהם, להורים, אין שום דרישות ממני.

בבית הספר, כל עוד לא הפרעתי, אפשרו להסכם הזה להמשיך. מבחינתם הייתי עוד ילד שממילא יעוף בסוף השנה.

●

במשך כל שנת הלימודים לא למדתי, ולכן העברתי את החופש הגדול בקורסים ובמבחני קיץ. שנאתי כל רגע, וכל הזמן הייתי בחרדה שמא לא אעבור ואז מה יקרה.

לא עשיתי בגרויות, לא הייתי קשור לזה בכלל. אחרי ששמעתי כל כך הרבה
משפטים כמו, "אתה לא יכול, אתה מתעצל", בשלב מסוים אמרתי, "אוקיי, ככה
אתם חושבים, זה מה שיהיה". אימצתי את זה.

זה לא עבר חלק. בתיכון עברתי חוויות גרועות מאוד, שיצרו וקיבעו אצלי
תחושה חיצונית ופנימית שאני לא שווה כלום.

.

מחקתי את מה שהיה פעם. המורים, אין לי שום דבר טוב להגיד עליהם,
אני אומר את זה היום בכאב גדול. אני זוכר רק איך הייתי רואה אותם עומדים
להוציא אותי מהכיתה. אלו היו ארבע שנים גרועות ביותר. אין לי שום זיכרון
שמח משם, לא עושה לי טוב לחשוב על התקופה הזאת. אחרי שיצאתי מהתיכון
ניסיתי לעשות הכול כדי לחיות את "עכשיו", לא את "פעם". שלא יגלו מי הייתי.

גם כשהתחלתי ללמוד באוניברסיטה והייתי מסתובב בקמפוס, אם הייתי
רואה מישהו שאני מכיר – הייתי מסתתר ממנו. לפני כמה זמן הייתה לי הרצאה
בפתח תקווה. שעתיים לפני ההרצאה קיבלתי הודעה ממישהו שהכרתי מאז,
שאל אם הוא יכול לבוא.

לא עניתי, אבל ברגע שהגעתי לאולם ראיתי אותו יושב בשורה הראשונה.
זה עשה לי לא טוב, היה לי לא נעים. בסוף הוא בא אליי ואמר, "רק אני יודע
באמת כמה זה נכון מה שסיפרת".

יש לי חבר אחר שהוא היה כמוני, וגם הוא עבר מסלול לא פשוט. היום
הוא עורך דין, ואנחנו צוחקים על הדברים האלה. היום אנחנו יכולים לדבר על
הדברים של פעם.

בעבר חשבתי שהשלמתי עם הילד שהייתי – הנה, עובדה, אני מצליח היום,
עובדה שאני יכול להשתמש בילד הזה כדי להעביר את הנקודה שלי. אבל רק
לאחרונה הבנתי שזה ניסיון שלי להדחיק את אותו הילד, דרך המקום של "אני
מצליח היום". כן, אני עדיין בתהליך.

חיי חברה

עולם שחור לבן

עולם הילדים הוא עולם האמת. הם אומרים בדיוק את מה שהם מרגישים וחושבים, בלי פילטרים ובלי רחמים. הכול ישר, ישיר — ולפנים. כל זה טוב ויפה (או לפחות נסבל) אם אתה כמו כולם, אבל ברגע שאתה קצת אחר הכול מתהפך עליך. לילדים יש חושים שמזהים מי הוא המתרגז הסדרתי, את מי קל לעצבן, ומי החלש שממנו אפשר להוציא כל דבר.

כשאתה ילד עם הפרעת קשב, הכול הופך להרבה יותר מסובך. לא הייתי מבודד חברתית, אבל זה לא ממש עניין אותי. כלומר, זה עניין אותי — ולא עניין אותי. מצד אחד הבנתי מה קורה, הייתי פעיל, מצד שני זה היה מתיש אותי מהר מאוד. הייתי נקלע למריבות כמעט כל הזמן. למה? בגלל חוסר הנוחות, בגלל חוסר הגמישות, בגלל הקושי לוותר, להתפשר, להעלים עין.

למשל, אם כשהייתי מתנדנד בנדנדה והיה עובר איזה ילד ומזיז אותי — הייתי יכול להתפוצץ עליו, ושנייה אחר כך הייתי נרגע ומבין שלא הייתי צריך לעשות את זה. אבל זה כבר לא היה משנה, כי זה כבר קרה. וכשהייתי מבין את זה, הייתי מתחפר עוד יותר חזק בעמדה שלי.

"אתם אשמים, זה לא היה ככה...", הייתי טוען ומעצים את העניין עוד יותר. והתגובה לא איחרה לבוא: לא מספיק מה שעשית, אתה גם מחפש תירוצים ומתנצח? אתה בא לעבוד עלינו או מה?

•

כילד, רוב הזמן הייתי במצב הישרדותי ובתחושה מתמדת של באסה. בכל תחומי החיים הרגשתי שאני חייב למצוא דרך להתמודד עם המצב שלי: בבית

הספר — לי היו מעירים ו"להם" לא; במשחקים בהפסקה — איכשהו הייתי רב תמיד ו"הם" לא; בחוגים אחרי הלימודים, אותו הדבר. דינמיקה קבועה. לא תכננתי לעשות את זה, אבל הייתי צריך למצוא דרך לשרוד.

רוב הזמן הייתי ממורמר, ממורמר על ההורים שלי, על החברים, על המורים. אכלו לי, שתו לי, כל עולם נגדי, והכול על הכתפיים שלי. כל הזמן.

·

אף פעם לא ממש אהבתי את המראה שלי, בעיקר את השיער המקורזל שלי. היו תקופות שבהן רציתי לגדל שיער (אפרו היה להיט בשנות השבעים) והיו תקופות שבהן רציתי קרחת מבריקה. אבל זה לא באמת שינה, כי אבא שלי התעקש על תספורת צה"לית תקנית מגיל אפס.

יום אחד ביקשתי מאימא שלי שתיקח אותי להסתפר.

"אין בעיה", היא אמרה. "מחר".

אבל לי, כרגיל, לא הייתה ממש סבלנות לחכות. נעמדתי מול המראה והתחלתי לגזור. ברגע אחד קלטתי שעשיתי בור מעל האוזן הימנית. אי של קרחת. עכשיו לך תצא מהבית ככה, ישר ללעג של הילדים. הפתרון היה כובע. עכשיו דמיינו: מה קורה לילד עם כובע בבית ספר יסודי בישראל...

·

הייתי ילד מאוד מאוד שמן. בפרופורציות לאיך שאני נראה היום — תוסיפו עליי משהו כמו ארבעים קילו. רוב הזמן הייתי אוכל רק ממתקים ופחמימות. אימא שלי הייתה קונה ממתקים, ואחרי יום הייתי מעלים הכול. הייתי גונב את הממתקים. היה לי מחבוא בחדר שלי. בזמנים שאף אחד לא היה שם לב, בעיקר בלילה, הייתי פשוט מפרק חבילות שוקולד אחת אחרי השנייה. עד היום אני מרגיש את האדים של הסוכר בתוך הראש.

כמה בעיות יש פה? הרבה.

הבעיה הראשונה נמצאת בתוך הבית. אנשים היו באים להתארח, אימא שלי רצתה להציע כיבוד, הייתה פותחת את הארון – ולא רואה כלום. אז הייתה מתחילה מסכת "מי לקח", ובתגובה: "אתם כל הזמן מאשימים אותי", ו"זה לא אני". בחדר שלי הצטברו עטיפות צבעוניות ומרשרשות, שלא יכולתי לזרוק כי היו עולים עליי. אחד החלונות בחדר שלי פנה לחצר אחורית, אז הייתי זורק את העטיפות מהחלון.

פעם בחודש-חודשיים אבא שלי היה בא לנקות את החצר ורואה שכל האדמה שם שטיח של עטיפות שוקולד. הוא היה משתגע, הוא היה צועק, "שמר! תגיד לי, מאיפה כל הניירות האלה פה?" בצד האחר של החצר היה בניין. הייתי אומר לו, "אבא, השכנים מהבניין זורקים את הזבל שלהם לגינה". והוא היה הולך ורב איתם.

•

הבעיה השנייה נבעה מקפיצת האנרגיה שסוכר ופחמימות נותנים לגוף. קפיצה כמעט מיידית – אבל כזו שנמשכת זמן קצר בלבד. הגוף מתרגל לזה, רוצה בזה, ולכן צריך להגדיל כל הזמן את כמות הסוכר. זה ממש סוג של התמכרות. אני לא אשכח איך בימי חמישי הייתי לוקח חלה שלמה ומחסל אותה.

כשאתה בא לעולם עם נוקשות, עם חוסר גמישות, עם סוג של אמת מוחלטת, זה משפיע עליך בכל מיני תחומים. זה משפיע עליך בבית, בלימודים, וזה גם משפיע עליך חברתית. מי בכלל ירצה להתחבר לאחד כמוך? אי אפשר להפריד בין הדברים.

היו לי חברים, אבל זו הייתה חברות אינסטרומנטלית, אם אהיה אמיתי עם עצמי. מצד אחד החברים שלי היו המצליחים בכיתה, הטובים, אבל היו לי גם חברים אחרים. לא הלכתי דווקא עם השוליים, אבל הם לא היו חברים באמת. לא היו לי איתם שיחות נפש. היינו מסתובבים בעיקר כדי לעשות מעשי קונדס.

היו באים אליי הרבה חברים, ולמזלי להורים שלי היה ראש טוב. הם תמיד דאגו שיהיה לי הכול, בטח מבחינה חומרית. בשלב מסוים השתמשתי בזה כדרך לקנות חברים. בגיל שכבר רצו לעשות מסיבות, היו עושים אצלי. ככה גם בתיכון וגם ביסודי. בנוסף, אני הייתי זה שמביא את השוקולדים. זאת הייתה הדרך שלי, חברות אינטרסנטית.

יכולתי לנדב את הבית שלי, יכולתי לארגן שוקולדים, הייתי יכול לעשות כל מיני דברים כדי לגרום לאחרים להיות חברים שלי.

זה עצוב. ידעתי שהעולם החברתי נחלק למקובלים ולמקובלים פחות. אם לומר את האמת, אף פעם לא הייתי שייך למעגל של המקובלים. אולי הייתי שייך למעגל השני.

אהבתי ספורט. מאוד. כדורגל, כדורסל. אני הייתי זה שמביא את הכדורים לבית הספר. למה? כי מי שמביא כדור, בטוח משחק. וכשילדים משחקים בהפסקה, אין להם שופט. אז בדרך כלל כשילד אומר "פאול", ורוב הילדים אומרים "לא פאול", ממשיכים את המשחק. לא אצלי. אם אני הייתי אומר "פאול", ואחרים היו אומרים "לא פאול", הייתי לוקח את הכדור והולך. כדור שלי, לא מוכן.

אז מה קרה? למחרת אף אחד לא רצה לשחק איתי. מי באמת ירצה לשחק עם אחד כזה? היו אומרים, "מה זה העצבני הזה, לא צריכים את הכדור שלך".

ככה התחיל הבידוד החברתי. הדבר הזה סגר עליי. נכנסתי למין בלון כזה, שרק הלך והתרחב, ולא ידעתי איך לצאת ממנו. היו לכך מחירים כבדים, שחד-משמעית אני משלם אותם עד היום. בעיקר מבחינה רגשית. כי באמת אין קשר אמיתי בין איך שהעולם בחוץ מסתכל עליי היום, ובין איך שאני מסתכל על עצמי. בעיניי, אני עדיין הילד הקטן שלא מצליח, ורק אני יודע את זה. זה שהצלחתי זה פוקס. זה לא עוזב אותי. לא עוזב אותי.

אני זוכר את הילדה שהייתה הכי נחשבת בכיתה. היא בחיים לא הביטה לכיוון שלי, אפילו לא אמרה לי שלום. לפני זמן מה היה לנו מפגש מחזור, ואני ראיתי אותה כאילו כמו לפני שלושים שנה. דיברנו על זה. היא לא כל כך הבינה,

אבל מה שזה עשה לי בלב...

אחרי חודשיים היא התקשרה ואמרה שהיא צריכה את העזרה שלי במשהו. אמרתי לעצמי, "איזה אידיוט אתה, בן חמישים ומתעסק בדברים של גיל שבע-שמונה".

משהו להזדהות איתו

"ואז, בגיל עשר הלכתי בפעם הראשונה לראות משחק כדורסל באצטדיון. זה היה משחק של מכבי תל אביב, שכבר אז הייתה שם ענק. אבא שלי לקח אותי עם מישהו ידוע, אחד מנותני החסויות למכבי. סוג של בעל-בית.

לא אשכח את זה אף פעם. בתוך יד אליהו היו דוכני מכירה של "עלית", ואותו בעל-בית בא למוכרת שעבדה שם ואמר לה, "תורידי לילד הזה מכל המדפים, אחד מכל אחד". היא מילאה לי שקית של ממתקים, שוקולד עם פירות וכאלה. ישבתי שם בהיכל ככה, טוחן שוקולדים. מאז – זהו, מכבי הפכה להיות כל עולמי. ברמה אובססיבית לגמרי.

במשך כשמונה שנים לא הפסדתי אפילו משחק אחד. בימי חמישי בית משפחת ארזי היה הופך לחמ"ל. אם היה מדובר במשחק בית, כבר בשעה חמש הייתי יוצא למגרש. מאותו הרגע – הכול היה תלוי בתוצאת המשחק. אם ניצחנו (כן, "ניצחנו"! גם אני שותף) הייתי חוזר הביתה שמח, וכולם היו מחויכים כאילו הם ראו את המשחק. אך בערב של הפסד – הכול היה חשוך ושקט. לא נראתה נפש חיה במסדרון ובסלון, וטוב שכך.

זה מתחבר עם האוכל, הסוכר, זה מתחבר גם לצורך בהזדהות עם משהו שמצליח. הרי לי עצמי לא הייתה שום סיבה להיות גאה. לא היה לי כלום – אבל הייתה לי מכבי, ומכבי כל הזמן ניצחו, אז גם אני כל הזמן ניצחתי. אבא שלי היה מסדר לי כרטיסים למשחקים, והייתי הולך לכולם. כל העולם שלי היה סביב זה.

הכרתי שם חברים. אבא היה מקפיץ אותי למגרש והולך. אני הייתי נכנס, הולך, צועק, משתולל.

שם הייתי חי.

המקום שלי בדרך כלל היה במושבים שביציע, אבל החלום שלי היה לשבת למטה, ב"ביוקר". מדי פעם זה היה קורה. אבא שלי הוא איש מיוחד, הוא לא הבין בכלל על מה ולמה המהומה, מה זה המשחק הזה בכלל, אבל הוא ידע שלי זה היה חשוב, וזרם. לעיתים הוא היה משיג לי כרטיסים נוספים, ואז הייתי מלך הכיתה. מי לא רוצה לבוא למשחק של מכבי?

ככה, למשך כמה ימים, הפכתי להיות מישהו שרוצים להיות חבר שלו — אבל בדיוק בגלל זה הייתי מתבאס אחר כך. לא היו מזמינים אותי להשתתף בכל מיני דברים, אבל לבוא לראות את מכבי — את זה כולם רצו.

סכנות בחופש

" בחופשים הייתי הרבה מאוד ברחוב עם החבר/ה. היינו בחוץ עם האופניים, משתגעים. אני זוכר פעם אחת שניצלתי בנס, בזכות האינסטינקטים. יש רחוב אחד ברמת גן שצד אחד שלו הוא דו-סטרי בעלייה, ובצד השני יש מדרחוב. טסתי עם האופניים בירידה, קפצתי מהמדרכה לכביש, ואיך שאני יורד ככה — באה מכונית.

התרסקתי.

המכונית לא פגעה בי, זה המזל. התרסקתי על המדרכה והמכונית המשיכה. לקחו אותי הרבה פעמים למיון, היה לי גבס פעמיים בכל יד. כשהייתי בן עשר הלכתי ליד מבנה נטוש, נגיד קומה וחצי כזה. אחד הקירות שלו היה עם רווחים, כך שיכולתי לשים רגל ולטפס. טיפסתי. רציתי לראות מה יש שם. עליתי למעלה, לגג, ראיתי שאין כלום, והסתובבתי חזרה.

טוב, עכשיו צריך לרדת, איך אני ארד?

צריך להבין שילד כמוני לא עוצר וחושב משהו כמו, אם עליתי הנה בטיפוס, אני יכול גם לרדת באותה הדרך. לא. אמרתי לעצמי "תקפוץ, מה יכול להיות? תקפוץ לתוך החול". אז קפצתי ושברתי את היד. זה היה גובה-גובה.

לא צרחתי. פחדתי.

באתי הביתה, כולי כאבי תופת. אמרתי לאימא שכואבת לי היד. היא הסתכלה עליי ואמרה מייד, "תגיד לי, אתה השתגעת? איפה היית?"

מובן שלא אמרתי את האמת. אמרתי שהחלקתי.

בבית חולים כבר לא שיקרתי, שאלו אותי על פרטים ולא יכולתי להתחמק. ההורים כמובן התחילו עם ה"עוד פעם אתה? כמה פעמים כבר דיברנו איתך? אתה עושה אותו דבר כל פעם!"

אבל הרופא דווקא חייך. הוא אמר, "כן, הילדים האלה מגיעים לפה הרבה".[7]

[7] הערה מקצועית: לילדים עם הפרעת קשב יש נטייה לסכן את עצמם. בגיל ההתבגרות, למשל, הסכנה שישתמשו בחומרים אסורים גדולה פי שלושה מאשר אצל ילדים אחרים.

כשהפרעת קשב
פוגשת לקויות למידה

הנעליים ההפוכות

הצרות, לרוב, באות בצרורות. כחלק מכל ה"חבילה", נוסף על הפרעת קשב, קיבלתי גם לקויות למידה.

השם הזה, "לקויות למידה", מצמצם את העניין. לכאורה, מדובר פשוט בקושי בללמוד, אלא שהמשמעות האמיתית של לקויות למידה רחבה הרבה יותר מרק קריאה, כתיבה וחשבון (ארחיב על זה בהמשך).

למשל, הפעולה הפשוטה של נעילת נעליים, שכולם עושים אלפי פעמים, לי היא מאוד קשה, ולא בגלל בעיה פיזית כלשהי. זר לא יבין זאת, אבל אם לא הייתי מחזיק את הנעל ומסתכל על הרגל באופן מודע – בקלות הייתי יכול לנעול את הנעליים הפוך. התופעה הזאת ליוותה אותי עד גיל מבוגר.

פרשת המשולשים

כמובן, היו גם בעיות שקשורות ללימודים עצמם. הנה, למשל, תראו מה קורה כשלא עולים על קושי במיקוד ראייה: כשהתחלנו ללמוד בבית הספר הנדסה, זה היה בשבילי כמו מדע בדיוני. המורה היה מצייר על הלוח משולש, וכמו כולם, אני הייתי רואה משולש. עד כאן – טוב. אבל מה קורה אם מורידים מקדקוד המשולש הזה קו ישר? נוצרים שני משולשים פנימיים בתוך המשולש המקורי.

כולם רואים את שלושת המשולשים האלה – אבל אני, מהרגע שהמורה הוריד את הקו, אני פשוט רואה קשקוש. יותר מזה, אני בטוח שכולם רואים את

הקשקוש הזה בדיוק כמוני. אני לא מבין למה אני לא מבין. אני לא מבין אפילו מה אני לא מבין. תסכול עמוק.

•

אז התחלנו ללמוד חפיפת משולשים. ואצלי, איזו חפיפה – ואיזה משולשים. היה לנו מורה מפחיד, יקה כזה, של פעם. מאלו שהיו מדברים אליהם בגוף שלישי, ״המורה אמר, המורה שרטט...״

ואני הייתי יושב הכי רחוק בכיתה, מפחד. כל הזמן הראש שלי מתעסק בלדאוג שהמבטים שלנו לא ייפגשו, שהוא לא יפנה אליי, ״המורה״. הייתי יושב בסוף ליד החלון, עסוק בעולם שלי; חושב על זה שאני עוד אצליח, שאני אראה להם מי אני. אני אראה להם.

אגב, אני שמעתי מה הולך סביבי, הייתי מודע, אלא שלילדים כמוני בהרבה מקרים יש קושי בעיבוד המידע, לוקח לנו יותר זמן. כשהייתי מצביע המורה הייתה מסתכלת עליי כאילו שעכשיו הגיע המשיח. ויותר גרוע מזה: לפעמים איך שהייתי מצביע, היא הייתה אומרת לי, ״כן שמר?״ ואז הייתי שואל שאלה על משהו שהיא הסבירה לפני עשר דקות.

עכשיו, באותו הרגע, מה כל הילדים עושים?

כל הילדים צוחקים.

והמורה הייתה מסתכלת עליי במבט כזה, כאילו מאיפה באת עכשיו, מה אתה רוצה ממני?

היו גם מורים פחות נחמדים, שפשוט היו זורקים אותי מהכיתה כי, ״מה, אתה פה הליצן של הכיתה? אתה בא עכשיו להפריע לנו?״

•

באחד הימים המורה שאל שאלה. הוא פנה לאחד התלמידים, ״כהן, מה התשובה?״ ההוא נתן תשובה לא נכונה. בדרך כלל, אחרי דבר כזה המורה היה

פונה לאחד התלמידים שהיו בעניינים. לצערי הרב, באותו היום המבטים שלנו נפגשו.

"ארזי, מה התשובה?" אני בכלל לא ידעתי מה השאלה! לא הייתי קשור בכלל לדבר הזה. חזרתי על מה שההוא אמר לפניי. אני לא אשכח את זה כאילו זה היה היום; המורה מסתכל עליי ככה ואומר לי, "תגיד, אתה מטומטם? לא שמעת מה ההוא אמר לפניך?"

ככה הוא אמר לי. לא אשכח את זה. פריד, קראו לו, המורה פריד. אני לא יודע אם הוא חי בכלל, זה היה לפני יותר מחמישים שנה. ברור לי שהוא לא שנא אותי, אבל ברור לי שהוא לא יכול היה להבין בכלל מה אני לא מבין.

אבל ברגע שהוא אמר לי שאני מטומטם, רציתי למות. חייכתי חיוך דבילי ורציתי לקבור את עצמי. הורדתי את הראש עוד פעם, ומסביבי בכיתה כולם חייכו. למזלי, אז זה היה פחות קיצוני מאשר היום. באותם הימים היה את ההוא האהבל, היה את ההוא העצבני, אבל בסדר – כולם זרמו. זו הייתה רק עוד טיפה בתוך כוס התרעלה.

ומה לגבי קריאת ספרים?

כמות הדפים שקראתי עד גיל עשרים ושתיים יכולה להתחבר לספר דק, במקרה הטוב. הייתי מתחיל לקרוא, ואז מדלג שורות או קופץ. בנקודה הזאת הראש מתחיל לכאוב, ו... זהו. נמאס, משעמם. אין קריאה ואין ספרים.

●

וזה הצטבר. עד כיתה י"ב האשימו אותי בכל מה שרק אפשר. "אתה, לא אכפת לך", "אתה לא משקיע", הכול.

כל זה יכול היה להיפתר אילו היו מודעים לבעיה בזמן, ושולחים אותי לבדיקת לקויות למידה. אבל לא היו מודעים. ולא שלחו.[8]

---

[8] על לקויות למידה ארחיב בחלקו השני של הספר, החלק המקצועי.

רישיון ונהיגה

"מגיל חמש עשרה בערך חשבתי על היום שבו יהיה לי רכב. זה הפך להיות הדבר הכי מרכזי בחיים שלי. אבל עד שאגיע לרכב – מסלול מכשולים. התאוריה, למשל. במבחן התאוריה היה לי קשה. עשיתי אותו שלוש פעמים. היה לי קשה לזכור את התמרורים, את השטויות האלה.

בשיעורי הנהיגה לא היה לי קשה במיוחד. קודם כול, כי זה היה חשוב לי, רציתי את זה, אז הצלחתי לאסוף את כל הכוחות שלי, התקדמתי, ואיכשהו הגעתי לטסט הראשון. זה היה בגיל שבע עשרה.

כידוע, כשמסיימים את הטסט לא מקבלים תשובה מיידית. מחכים עד אחר הצהריים כדי לשמוע את גזר הדין. כל אותו היום הסתובבתי בחוסר שקט מוחלט.[9] נעתי בין הידיעה שהכול היה מעולה, ובין התפיסה שלי שבטוח לא עברתי. ואז מגיע טלפון מאבא...

"שומע, כן, מצטער, לא..."

הוא לא הספיק לסיים את המשפט, ואני מייד פרצתי בשטף של "ברכות" למורה ולבוחן.

רק בסוף, כשנרגעתי, אבא אמר לי בשקט, "עברת".

טסט ראשון. גאווה!

•

הפעלתי את כל כישורי השכנוע שלי ואת כל ההבטחות, והוריי קנו לי רכב. פורד פיאסטה, שחורה כזאת, שאפשר להשוויץ איתה. בערב הייתה מסיבה, וכמובן, אני זה שאוסף את החבר׳ה. נוסעים, אני מבסוט עד הגג, ומגיעים לפלמחים. פתאום אני מריח משהו שרוף, ריח לא מוכר. נסעתי כל הדרך עם

[9] עוד דוגמה לאימפולסיביות, הפעם רגשית.

בלם-יד משוך. מזל שהאוטו לא נשרף.

מהרגע שקיבלתי את הרישיון ועד גיל עשרים ושתיים עברתי ארבע תאונות. כולן באותו המקום בדיוק. נשמע מצחיק, אבל את ההורים שלי זה בכלל לא הצחיק. הייתי נוסע בשדרות רוטשילד בתל אביב, ובכניסה לשדרה לכיוון הים – מגיעים לרמזורים שליד "הבימה". בצומת יש שלושה נתיבים: אחד לימין ושניים ישר. העניין הוא שמייד אחרי הרמזור שני הנתיבים הופכים לאחד. מי שיודע ומכיר – יש שם קיוסק, ובצד ימין רכבים עוצרים לקנות. כך שאם עומדים בנתיב הימני, צריך להשתלב בתנועה ולהעריך נכון את המרחק.

אז אני, ארבע פעמים, לא הערכתי אותו נכון.

גם חוש הכיוון שלי בעייתי. הייתי יכול להגיד לך "ימינה", ובכלל להתכוון שתלך שמאלה. היו מקרים שהייתי מגיע לכיתה הלא נכונה בבית הספר.

•

אז מה היה לנו? נעליים, ספרים, תאונות...

כל זה היה יכול להיפתר אם היו עולים על כך שיש לי קושי במיקוד ראייה. גם העובדה שהרכבתי משקפיים לא משנה הרבה במקרים האלה. לעומת זאת, אילו היו שמים לב לדרך שבה אני יושב, מעתיק מהלוח או מנסה לקרוא, ולא היו מזדרזים לתת לזה פרשנות של התנהגות שלילית, אולי...

אולי לא הייתי יושב לכתוב עכשיו את הספר הזה.

צבא

ניצוץ של תקווה

הצבא היה המקום הראשון שבו עשיתי משהו מועיל בחיי. איתרו אותי ושלחו אותי ליחידת מחשבים. זו הייתה הפתעה מרעישה כל כך, שכשהגיע המכתב מהצבא אל ההורים שלי, אימא שלי אמרה לאבא שלי, "בוא, תסתכל". ואבא שלי היה מופתע כל כך שהוא אמר לאימא שלי, "תשמעי, אני בטוח שיש פה טעות, זה לא יכול להיות. הוא לא יכול לעשות כלום. אנחנו יודעים מה היה איתו עד עכשיו".

אז מצד אחד זה היה טוב, כאילו, וואו — הייתי במקום טוב, עשיתי דברים מעניינים. מצד שני, זה היה המפגש הכי חריף ומעמת בין מי שאני ומה שאני חושב על עצמי — ובין מה שאני אפילו לא יכול לדמיין שאני. האמת היא, שבלי העזרה של אבא שלי, מאחורי הקלעים, ספק אם הייתי שורד שם.

הבטתי סביבי — כל האנשים שם היו מאוד מצליחים. גם היום, אלו האנשים שמובילים את ההייטק של מדינת ישראל. אני בכלל הייתי בלי בגרות — ובכל זאת, על הקשקש, למדתי שם מחשבים.

למה?

כי היו דברים שהלהיבו אותי. היה לי אתגר. בבית הספר לא היה מאתגר ללמוד, אבל בצבא רציתי להצליח. זה היה הדבר הכי חשוב לי באותו הזמן. היה לי רצון, והיו גם דברים שאתגרו אותי לחשוב. דרך המחשבה שלי היא לא לפי המיינסטרים, לא ביי-דה-בוק, ושם מאוד העריכו את זה. לא אמרו לי, "אתה חייב לפתור את השאלה ככה", כי לא היו פתרונות מוכנים. כשהייתי בא עם הרעיונות שלי — הם היו מתקבלים. בפעם הראשונה הרעיונות שלי התקבלו.

זה עשה לי טוב. היו נותנים תרגיל, נגיד, לדוגמה, לכתוב תוכנית שתגרום לקובייה הזאת להסתובב בלי ליפול. בשלב הראשון אתה צריך לחשוב על זה

באופן יצירתי. רוב האנשים יחשבו על זה באופן לינארי: יסתכלו על הבעיה,
ינתחו אותה. הראש שלי לא עובד במסלול הזה.

קוראים לזה "חשיבה אסוציאטיבית", אבל זה לא אסוציאטיבי בכלל.
למשל, אם אנחנו מדברים על משהו, אני מקבל עליו הרבה מידע, ואז אני אומר,
"רגע, אבל לא צריך להסתכל על זה ככה בכלל. תחשבו, אם זה ככה, אז עדיף
שזה יהיה ככה".

"הו", היו אומרים לי, "איזה יופי".

רק המילים האלה, "איזה יופי", הן בשבילי חזון אחרית הימים. מה יופי?
איזה יופי? הרי אני אהבל מושלם. הייתי בשוק. התמודדתי עם ההצלחה בביטול.
עד היום ההצלחה לא באמת נחשבת בעיניי.

●

הקורס הסתיים והחלק המעשי, המוצלח יותר, התחיל. אני מאוד טוב
בלעשות. התחלתי לזכות בעוד ועוד חיזוקים. ואם נניח היה פרויקט – הייתי
אומר לכולם, "לא אכפת לי, אני נשאר כאן, אני אעשה את הכול". ככה הייתי
מקבל את החיזוקים שלי, "כל הכבוד, איזה יופי".

הייתי בן תשע עשרה כשבאתי לאבא שלי כמו ילד ואמרתי לו, "תראה,
קיבלתי תעודת הצטיינות". כמו ילד.

●

מה היה מתסכל? שגם כשכבר הצלחתי – זה היה חסר משמעות. הייתי
אומר לעצמי, "אז מה? כולם מצליחים".

בבית הספר, מדי פעם, הייתי מצליח במבחנים. הייתה לי מורה פרטית
לאנגלית והייתי מצליח. קיבלתי יותר משמונים. ההורים שלי שמחו, "כל הכבוד!
איזה יופי. אתה רואה, אתה מסוגל, אתה יכול". זה לא עשה לי כלום. אולי משהו

מאוד קטן ורגעי, כי היה מספיק שיבוא אחרי זה משהו גרוע קטן בשביל שאגיד לעצמי, ״אתה רואה? אתה בכל זאת כישלון״.

שוברים את הכלים ובורחים

״בצבא די הצלחתי. הייתי שנה בקבע, אבל גם שם הכול היה מתחיל ונגמר במילה. כמו כל מי ששירת, בצבא גיליתי דברים שלא הכרתי לפני כן, וכמאותגר קשב חוויתי את הכול ובהקצנה. אם משהו לא היה נראה לי, הייתי שובר את הכלים, עוזב הכול והולך. עבדנו במשמרות לפי ההוראות של המפקד. היינו מתחילים והיו מרוצים ממני. אבל כשהייתי בא בבוקר, המפקד היה אומר לי, ״תקשיב, למה המכונה ככה ולא ככה? וזה וזה...״, הייתי עוזב את הכול והולך.

וככה הכרתי את מר אלכוהול. וואו. האלכוהול נתן לי לברוח. הייתי משתכר, ואז היו יוצאים ממני החלקים היותר טובים שלי. בלי ציניות. ההגנות שלי היו יורדות, כל ה״אני לא שווה״ היה זז מהתודעה. הרגשתי כמו אלוף.

•

בשלב מסוים עמדתי לפני השחרור מהצבא. הייתי מיואש. אבא שלי שיגע אותי, ״תישאר בצבא, תישאר בצבא. לא יפטרו אותך, תצא לפנסיה בגיל ארבעים״.

דילמה ענקית.

מצד אחד, לא יכולתי לדמיין את עצמי נשאר במקום אחד קבוע, מתחיל בשמונה ומסיים בחמש. אני? בחיים לא! ומצד שני, אבא לחץ בכיוון, והאמת היא שלא היו לי אופציות אחרות. מה לעשות? מה יהיה עכשיו?

ואז משהו התחיל לשדר שינוי.

מגיל צעיר שמעתי את השם "פומרנץ" נאמר בבית מדי פעם. לא ממש הקדשתי לזה תשומת לב, אבל הרגשתי שבכל פעם שאבי הזכיר את שמו של האיש הזה, משהו עובר עליו.

באותה התקופה של ההתלבטויות, חגגו לאבי עשרים וחמש שנות שירות בצה"ל (בעת כתיבת ספר זה כבר חגגו לו חמישים). למסיבה הגיעו אנשים רבים. את רובם לא הכרתי, והאמת היא שגם לא ממש הרגשתי שייך. כרגיל.

לפתע נכנס לחדר אדם מרשים, שלעולם לא אשכח את פניו ואת דרך הילוכו. איש גבה קומה, עם פנים נעימות ובהן קמטים שמרמזים על הרבה שנות ניסיון. היו לו עיני תכלת בוהקות ושיער לבן קצוץ. לא ידעתי מי האיש, אבל הייתי מרוכז בו.

כשאבי זיהה אותו מרחוק, הוא עזב הכול, רץ לעברו וחיבק אותו.

סקרנותי גברה. בשקט פסעתי לעבר אבי.

"מי זה?" לחשתי באוזנו.

"זה? זה מוטק'ה פומרנץ. בזכותו למדתי. הוא היה... עזוב, בוא אכיר לך אותו".

פומרנץ

המושיע

רגע האמת התקרב. הייתי צריך לקבל החלטה על המשך השירות שלי בקבע. הלחץ רק גבר. מה יהיה? מה אעשה? ההורים שלי נשארו בשלהם והפצירו בי להישאר בצבא. "הכול יהיה בסדר, אל תדאג", אמרו לי כל הזמן.

עד היום אין לי ממש תשובה לשאלה מה דחף אותי לפנות למוטק׳ה. כאילו איזה כוח בתוכי אמר לי ללכת אליו, שיש שם תקווה עבורי. מצד שני, הרגשתי מוזר לפנות אליו. באותה התקופה לא היה מקובל ללכת לפסיכולוגים. כאילו מה, השתגעתי?

אבל בכל זאת הרמתי את הטלפון וקבעתי איתו פגישה, בלי לשער מה תהיה משמעותה בחיי. האמת היא, פניתי אליו רק כי רציתי שישכנע את אבא שלי לעזוב אותי בשקט. רציתי להשתחרר מהצבא.

•

פומרנץ ישב על הכיסא, שעון לאחור. אני מולו, סוג של מבוהל, מבולבל, מתבייש. הוא הביט בי במבט שלעולם לא אשכח, מבט כזה, שחודר לתוך העיניים ועובר בכל הגוף. בלי מילים הרגשתי שזה המקום שלי. למה? לא ממש ידעתי. ואז הוא התחיל לשאול אותי, "מה למדת? מה עשית? מה אתה רוצה לעשות?"

אמרתי לו שלא למדתי, שאין לי בגרות, ושאני לא יודע כלום במתמטיקה.

"מה זאת אומרת?"

"מה זאת אומרת, מה זאת אומרת?" אמרתי לו. בכלל לא ידעתי שלבעיה

שלי יש שם. זה לא כמו היום, שאתה אומר שלבחור ההוא יש הפרעת קשב, וכולם מבינים על מה מדובר, או לפחות שמעו פעם את הצירוף הזה. באותה התקופה לא ידעתי כלום, כלום. בשלב מסוים כל מה שהבנתי הוא שאני לא בסדר, שאני לא מתאמץ מספיק, שאם הייתי מתאמץ יותר הייתי מצליח, שאני עצלן. זה מה ששמעתי, וזה כל מה שידעתי.

ואז הוא אמר לי, "מה דעתך שנעשה אבחון?"

היש שם למחלה?

" אני לא יודע מה זה אבחון.

אמרתי לו, "תשמע – אני לא מבין מה זה המילים האלה, אבל זה יעזור לי לשכנע את אבא שלי לעזוב אותי בשקט?"

הוא אמר לי שכן.

"אם ככה, מה שתגיד לי אני אעשה".

הוא עשה לי אבחון שבודק גם אינטליגנציה, גם תהליכי חשיבה וגם זיכרון. חלקים ממנו היו בכתב, חלקים בעל פה, שואלים אותך שאלות, אתה צריך לעשות כל מיני דברים. אחד המבחנים למשל הוא מבחן קוביות. צריך לבנות, על פי ציור, דגם מקוביות שעליהן יש צורות זהות. אפשר ללמוד הרבה דברים מהמבחן הזה.

לא רציתי לעשות את זה. הייתי בחור בן עשרים ושתיים שמתעסק במחשבים, מה מביאים לי קוביות? זה נתפס אצלי כמו איזה משחק. אמרו לי לבנות דברים מהקוביות, ואני אפילו לא ידעתי מאיפה להתחיל. איך לחבר אותן? בחיים אני לא אשכח את זה.

ישבתי שם ואמרתי לעצמי, "שיואו, אני דפוק. לגמרי".

•

אז שאלתי את פומרנץ, ״תגיד, יש לך תרופה למחלה הזאת?״

והוא אמר לי, ״בוא ננסה״.

כל אחד צריך רק אחד שיאמין בו כדי שהשינוי יתרחש. ופומרנץ היה האחד שלי. המושיע שלי.

מתחילים בטיפול

״ עזבתי את הכול והתמסרתי רק לטיפול בבעיה שלי. למעשה, בניגוד לרצון שלי להשתחרר ומייד, נשארתי עוד שנה בקבע כדי שיהיה לי כסף לממן את זה.

״אני מממן את זה״, אמרתי לפומרנץ. רק אני, בשושו.

מאוד מאוד התביישתי. פאדיחה. לא רציתי שאף אחד ידע, לא ההורים שלי, לא אף אחד אחר. באותם הימים חשבתי שפסיכולוגים הם בשביל ה... אלו, אתם יודעים. מי הולך לפסיכולוגים בכלל? זה לא כמו היום. זה היה בשנת 1989. מעבר לזה, באתי משכבה חברתית שבה בכלל לא הולכים לטיפול. התביישתי. הסתרתי את זה. במשך שנה הייתי בא לשם שלוש פעמים בשבוע.

הקליניקה הזכירה יותר בית, משפחה. אי של ״ביחד״. היא הייתה בדירה בת שתי קומות, כמו פנטהאוז בבניין. שרתה שם אווירה חמימה, וכל מיני אנשים היו מגיעים לשם באופן קבוע. זה היה מקום מפלט.

רובם היו צעירים יותר ממני. חבר׳ה בתיכון, שהתנדנדו בבית הספר על סף עזיבה. זה היה סוג של תחנה אחרונה לאנשים כמוני וכמותם. פומרנץ לא פרסם בכלל את המקום, כי הוא לא האמין בפרסום ולא רצה בו. כל רצונו היה לעזור לילדים ולעשות טוב. זכיתי להכיר איש מיוחד במינו, איש מקצוע שאין שני לו, אבל יותר מכול – איש עם לב ענק ואהבת ילדים ללא גבולות.

•

מוטק׳ה האמין בי מהרגע הראשון, יותר משאני האמנתי בעצמי. אפילו במבט שלו ראיתי את זה. לא ידעתי אז לתרגם את זה למילים, אבל מהשאלה הראשונה שלו הרגשתי זאת. במשך שנה הייתי מגיע לשם שלוש פעמים בשבוע ומשחק (כן, משחק!) בקוביות, בחפצים ובשטיחים. אלו היו משחקים מיוחדים שבעזרתם למדתי לפתח את הזיכרון, את ההדמיה, את החשיבה ואת הקשב. זה מה שאני עושה עם עצמי עד היום.

בהתחלה הייתי רב איתו. ״מה זה, מה אני, תינוק? לשחק בקוביות? אני לא בא יותר, עזבו אותי. מה, אני בגן?״ הוא אכל ממני הרבה מרורים. אבל הרגשתי שהגעתי למקום הנכון, ושמכאן הולך לצאת משהו טוב. ידעתי שאיכשהו **אני** כן יכול להיות נורמלי, כמו כולם.

״שמר״, אמרתי לעצמי, ״זו ההזדמנות האחרונה שיקרה איתך משהו בחיים שלך״. בנוסף, היה לי איזה סוג של חוויית הצלחה; הצלחתי לעשות חלק מהתרגילים ולראות שיפור.

אחרי שנה של טיפול נרשמתי לבר אילן כדי ללמוד במכינה ולהשלים בגרות.

זה לא נגמר באותה השנה, כמובן. אחריה עברתי שנים נוספות של עבודה רגשית, שגם בהן עשיתי לו חיים קשיים. לא רציתי לדבר, לא פתחתי את הלב, אבל הוא לא ויתר, התעקש.

•

בסוף התחלתי לדבר. זה היה בא בגלים. הייתי מגיע בשיא הייאוש, ואז הייתי אומר, ״בסדר, נדבר״.

להתחיל מלמטה

"אני לא אשכח את הפגישה הזאת.

זה היה ביום שני. מוטק'ה הזמין אותי לשיחה, יחד עם השותפה שלו. הוא אמר לי, "אנחנו רוצים להציע לך להתחיל לעבוד פה".

הייתי בהלם. לא האמנתי שזה מה שהם מציעים, חשבתי שזה סתם. ביני וביני ידעתי שזה משהו שאני רוצה לעשות, אלא שבתפיסה שלי, בטח אז, וגם עוד הרבה שנים אחר כך, לא חשבתי שאני מסוגל לעשות דברים כאלה.

התחלתי בתור חונך.

אחד הילדים הראשונים שעבדתי איתם היה ילד ממשפחה קשת יום ברמלה. הייתי מגיע אליו הביתה, ובכל פעם, איך שהופעתי בקצה הרחוב, התחילו צעקות, "ליאור, הפסיכולוג שלך הגיע". עשו לו בושות.

במשך חצי שנה, שלוש פעמים בשבוע, הוא היה יושב בחדר, ולא משנה מה ניסיתי – הוא לא היה עושה כלום. לא מדבר, לא עושה, כלום. אני לא אשכח את זה. הוא היה לוקח את העיפרון, מחדד אותו, ואז היה שופך לי על השולחן את החידודים. חצי שנה ככה. ואני הייתי צריך לבוא כל פעם ולהגיד לו, "אני פה ואני לא מתכוון לוותר לך".

זה היה נורא מבחינתי. הייתי אמור להוכיח את עצמי, אבל כל פגישה כזו הייתה כישלון. בפנים צרחתי שאני לא יכול יותר, לא יכול, עזוב אותי, לא רוצה, ככה. אני לא בדיוק מהנורמליים. במשך חצי שנה הייתי יוצא מהחדר והיה בא לי למות, לדפוק את הראש בקיר. וכל הזמן היה לי גם קול שאמר לי, "אל תוותר".

•

אחרי חצי שנה הוא פתאום נפתח. פתאום לא היו עוד עורמות חידודים. פתאום, מיוזמתו, הוא אמר, "טוב, בוא נעשה משהו. מה זה?"

ואז עוד קצת.

הייתי עוזר לו בשיעורים, עוזר לו לסדר את התיק, דברים ממש בסיסיים. אני, שמר, עם הטראומה מזה שהספרים לא נמצאים אף פעם בתא שבו הם צריכים להיות, עזרתי למישהו אחר לסדר תיק לבית הספר. זה תסכל אותי במובן של "תראה איך אתה יכול לגרום לאחרים לעשות את זה טוב, אבל כשזה קשור אליך – אתה לא יכול לעשות את זה".

התהליך לקח שנה וחצי. ליאור בהתחלה לא תפקד בכלל, ממש כלום, ואנחנו מדברים על אזור רמלה, על מצוקה, עם הרבה פיתויים אחרים שקל להגיע אליהם.

אחרי שנה וחצי הוא התחיל ללמוד בלי בעיה. לא היה צריך אותי יותר.

התחלתי לעבוד עם ילד אחר. הוא היה בכיתה ז' ובקושי ידע לקרוא. הוא הגיע אליי ילד בלגניסט ואלים, עם הורים שלא בדיוק קיבלו אותו. זה היה תהליך של עליות ומורדות, של "תבוא לבית הספר" ושל "אני לא רוצה לבוא יותר", "אני כן רוצה לבוא", וכל מיני מרורים שהוא האכיל אותנו. ליווינו אותו עד י"ב. הוא סיים בגרות מלאה, שירת ביחידה מובחרת, היה ביחידה לאבטחת אישים, סיים תואר. היום הוא הממונה על כל הביטחון של משרדי הממשלה.

עכשיו הוא כבר מתקשר אליי בשביל הבת שלו.

●

התחלתי להבין שאני במקום הנכון. וגם אז הייתי מאוד מתוסכל. לא רציתי ללמוד חינוך מיוחד, מה אני, מורה? מורה היה הדבר השנוא עליי ביותר, הדבר שהכי ברחתי ממנו.

אז ניסיתי כל מיני מסלולים. עשיתי פסיכומטרי, שקלתי ללכת ללמוד פסיכולוגיה, הגשתי מועמדויות לכל מיני אוניברסיטאות. לא הייתי מסוגל נפשית להגיד שאני לומד חינוך מיוחד. לפומרנץ ולי היו הרבה ויכוחים על זה. הוא אמר לי, "מי שאתה זה לא מה שאתה לומד. יש אנשים שצריכים ללמוד בשביל לדעת לעבוד, ויש אנשים שנולדים עם זה. אתה נולדת עם זה, יש לך את זה".

אוניברסיטה

ניצני ההצלחה

"התחלתי ללמוד בבר אילן. קודם עשיתי מכינה, ואחריה תואר ראשון ושני בחינוך מיוחד. החיים שלי התנהלו בקווים מקבילים.

מצד אחד הייתי סטודנט מצליח. כשהייתי בשנה האחרונה לתואר הראשון, באה אליי ראש החוג לחינוך מיוחד ואמרה לי, "תקשיב, אנחנו רואים אותך, אנחנו רוצים כבר להציע לך עבודה באיזה בית ספר. של חינוך מיוחד".

הסתכלתי עליה ככה.

"אל תכעסי עליי", אמרתי לה, "אבל כף רגלי לא תדרוך בשום בית ספר".

"אז מה אתה עושה פה?" היא התפלאה.

סיפרתי לה שאני לומד כדי לדעת, כדי להשכיל וכדי לעזור לילדים – אבל לא בתוך בית הספר. שנים עברו עד שהרגשתי שאני יכול, ושנכון לי, להגיע למקום ההוא.

אז מצד אחד, הייתי מוצלח. מהצד השני, ביני וביני, כל ההצלחה הזו נחשבה פיקציה. זה לא היה שלי באמת. באוניברסיטה הייתי מסתובב בדשא, ואם הייתי רואה מרחוק מישהו שאני מכיר מפעם, הייתי מסתתר. חשבתי שאם יראו אותי פה לא יאמינו שאני סטודנט. יחשבו שאני עובד ניקיון או משהו. הרי מי יאמין לי שאני לומד פה?

וזה לא משנה שכבר הייתי במשבצת של ההצלחה. לקח לי הרבה מאוד שנים להבין שאני באמת שם. הצלחה תמיד נתפסת אצלי כפוקס רגעי, אבל הכישלון הוא קבוע.

•

כל חוויית הלמידה שלי, שהייתה כישלון חרוץ, השתנתה. כשהגעתי למכינה למשל, למדתי כמו שלא למדתי בחיים. אפילו הקלטתי את השיעורים.

בכל קורס הייתה איזו אחת שהייתי מתחבר איתה, ובסוף כל קורס הייתי מצלם את החומר שלה. ביום שבת הייתי יושב משש בבוקר, שומע את ההקלטות, רואה את מה שהיא כתבה ועושה לי סיכומים משלי. שום דבר לא הקים אותי מהכיסא עד שכל הסיכום היה מוכן.

קשה לי להסביר, זה כאילו שפתאום כל מה שהיה ״לא״ הופך פתאום ל״כן״. גם היה לי דרייב עצום להצליח, כי הייתי אומר לעצמי כל הזמן, ״אני עוד אראה להם״.

משפחה

״ בחיים שלי, כך מסתבר, שום דבר לא קורה בדרך שגרתית. כך גם הייתה ההיכרות עם האישה שהפכה לרעייתי, אם ילדיי.

לשני הבנים במשפחתי יש הפרעת קשב. זה מתבטא קשה במיוחד אצל הבן האמצעי. מגיל שלוש אנחנו, כל המשפחה, עסוקים סביבו. אפילו עברנו דירה מעיר אחת לאחרת כדי שיהיה לו גן מיוחד שיתאים לצרכים שלו. שתבינו מה זה התמודדות של בית.

אי אפשר היה להשאיר אותו שנייה לבד. הוא היה קופץ, מתנפל. פעם בשבוע הייתי יוצא איתו לגינה, ואחרי עשר דקות חוזר הביתה אבל וחפוי ראש. הוא היה בא למגלשה, רואה שיש שם ילדים שעומדים בתור, תופס את הילד שטיפס בסולם, מוריד אותו למטה ועולה בעצמו. עכשיו לך תסביר לאימא של הילד שבוכה מה קרה פה.

•

לארוחות המשפחתיות היינו צריכים לנסוע בשני רכבים, כי באמצע הארוחה היה "נגמר לו", ואז היה מתחיל מחול שדונים. הזיתים היו עפים, החומוס פתאום היה נופל, היד הייתה מתעופפת ופוגשת את הראש של האחיין, וכן הלאה. כולם מסביב היו שותקים, יושבים, מכונסים ולוחשים בשקט תפילה "שזה רק לא יגיע לילד שלי". אז הייתי מרים אותו לאוטו ונוסע איתו הביתה בתחושה שאי אפשר לתאר.

פעם בשנה היינו יוצאים לחופשה משפחתית. באחת השנים היינו בצפון, ולשנייה אחת עזבנו את הילד. פתאום אני שומע צרחות: "גברת, של מי זה הילד? תבואו תיקחו אותו". נעלתי את הדלת ואמרתי לאשתי, "שייקחו...".

מה התברר?

הוא יצא מהחדר עם ספר ביד, טיפס במדרגות, עמד וזרק את הספר. עם המזל שלנו הוא פגע לגברת אחת בראש ושבר לה את המשקפיים. עכשיו לכו תצאו מכל זה.

●

הזמן חלף והוא הגיע לכיתה א'. בשבוע הראשון של כיתה א', כל יום הייתי בבית הספר. אפרופו נוקשות, אני גר באזור יבנה, ובאותה התקופה עבדתי בתל אביב. בעשר בבוקר אני מקבל טלפון, "בוא תיקח את הבן שלך".

"אבל השעה עשר", אני אומר, "הלימודים נגמרים רק ב-"

"הוא לא מוכן להיכנס לכיתה".

מה קרה?

בבית הספר הזה, כך התברר, ילדי כיתה א' יוצאים כולם ביחד להפסקה בשבוע הראשון של הלימודים, כדי שיכירו את המרחב של בית הספר. הם גם חוזרים יחד.

אז הם יצאו להפסקה, והוא הלך לשירותים. עד שהוא סיים את ענייניו היה צלצול, וכל הילדים עלו לכיתות. הוא הגיע לכיתה ונעמד במפתן הדלת.

"בוא, תיכנס", אמרה לו המורה.

הוא נעמד ככה, הסתכל עליה ואמר, "המורה, זה לא פייר שלא חיכיתם לי. עד שכל הילדים לא יוצאים מהכיתה אני לא נכנס".

אם ננתח את זה שנייה, יש צדק בדבר. אמרתם שיש חוק שכולם נכנסים ביחד. ואתם לא עומדים בחוק. תעמדו בחוק!

אבל כולנו מבינים שצריכה להיות גמישות מסוימת. לא. לא עזר. לא יועצת ולא מנהלת. בשיא הייאוש ביקשו מהמורה שתיתן לי לדבר איתו בטלפון. שמעתי אותו אומר, "תגידי לאבא שלי שאני לא מדבר איתו בטלפון".

זה היה ערב ראש השנה. חזרתי הביתה, ורעייתי ואני ישבנו לשיחה. אמרתי, "אוקיי, עכשיו זה או-או. או שאני מוציא אותו מבית הספר ועושה לו הום-סקולינג, או שאנחנו קונים קרוואן וגרים בבית הספר, או..."

פה יש אידאולוגיה מסוימת, ללא קשר אליי או לילדיי. **אני מאמין באמונה שלמה שעצם העובדה שיש קשיים, לא אמור להיות מכשול מלהצליח בחיים. העובדה שילד נולד עם הפרעת קשב או עם לקויות למידה, לא מכתיבה שחייו לא יהיו מוצלחים!**

עכשיו יוצאים למסע, ואין אפשרות אלא להצליח.

•

האמת היא שהמסע התחיל כבר שנים לפני כן, כשהיינו עסוקים בלהגדיר את הבעיה. בגיל הינקות הילד לא דיבר בשפת בני אדם. הייתה לו שפה משלו ודרך משלו להביע את דעותיו ואת רצונותיו.

בהתחלה הכחשתי את כל העניין. אמרתי לעצמי, "אין שום בעיה, זה רק עניין של זמן. אתה סתם לחוץ, תן לו לגדול בשקט והכול יסתדר". עם זאת, בתוכי התחילו לחלחל רגשות אשמה בסגנון "ידעתי, ידעתי שזה יגיע. מה עשיתי?"

בעיקר האשמתי את עצמי שאני לא הורה מספיק טוב. רגשות אלו הטרידו אותי ולא נתנו לי מנוח, אבל לא טיפלתי בהם. זה טיפוסי. ההורות בדורנו

מאתגרת ומלווה בתחושות אשם ובשאלות אינסופיות לגבי מעשינו ותפקודינו. כהורים לילדים עם הפרעת קשב ולקויות למידה, התחושות האלה מוקצנות יותר. החרדות מפחידות יותר, התהיות גדולות יותר, החששות כבדים יותר, אבל גם השמחות משמחות יותר.

כהורה, אתה עובר מסכת של עינויים לקביעת תורים, של אבחונים לא נכונים, של עצות אחיתופל. בדרך אתה מאבד כוחות ולא מעט כסף, ובעיקר נשאר עם תסכול ועם חוסר אונים.

●

הנה אירוע אחד שנחקק בליבי לעד, כשהילד עדיין לא דיבר והדאגות היו רבות. מה יש לו? לי זה היה ברור מאליו: הילד חכם (כמו אימא שלו) ובד בבד – מופרע קשב. זו הפרעת קשב קלאסית, היפראקטיביות+אימפולסיביות. שילוב קטלני.

אבל כשלוחצים ללכת לאבחונים, אז הולכים. קבענו תור (שגם זה סיפור בפני עצמו) למומחית-על בעלת שם. והגענו – הורים מודאגים וילד שמח. נכנסנו לחדר ומייד הבנתי, זה לא הולך להיגמר בטוב. המומחית לא באה לילד בגישה נכונה. הוא התיישב בפינת החדר והתחיל לשחק, והיא, כמקצוענית מדופלמת, ישבה על הכיסא, ידה אוחזת בעט והיא כותבת (את סודות היקום, כנראה).

מדי פעם היא הביטה בשעונה וביקשה מהילד שיגיע אליה. הוא לא הגיב, לא ענה, ובקיצור – לא ספר אותה. אחרי זמן מה היא החליטה לצאת מגדרה, קמה מהכיסא, ניגשה לילד ועמדה מאחוריו. הוא המשיך לשחק ללא התייחסות אליה, והיא, בניסיון למשוך את תשומת ליבו, משכה ממנו את המשחק.

הוא, בלי להניד עפעף, תקע לה מכה ביד.

שקט השתרר בחדר.

אני, שהרי ידעתי מראש שטוב לא יצא מפה, הבנתי שזה יהיה גרוע עוד יותר. לקחנו את הילד ולאחר שבוע באנו לשמוע את חוות דעתה המלומדת.

אחרי מילות נימוסים, בלי ״אולי״, ״אבל״ או סימני שאלה, היא ירתה על אוטומט ש״הילד על הרצף״.

הבטתי ברעייתי. היא נמסה על הכיסא, כולה מלבינה, כאילו היא עומדת להתעלף. לקחתי נשימה וניסיתי לשאול בעדינות, ״אולי, יש אפשרות, ו...״

אבל היא הייתה נחרצת. זהו זה!

יצאנו ממנה, מנסים לתמוך זה בזה.

״עזבי״, אמרתי לרעייתי, ״אל תתרגשי, זה לא נכון. זה קשור למה שאני מכיר כבר מעצמי״.

אבל היא סירבה לקבל. שנים אחר כך עוד ניקר בה החשש.

•

אחרי תקופה, כשקצת נרגענו מהטראומה, קבענו ייעוץ עם מומחה לקשב. באותה התקופה התורים נקבעו חודשים מראש. שוב הגענו לאבחון בנוהל הרגיל: אימא ואבא מודאגים וילד שמח.

שלושתנו התיישבנו ליד השולחן, והפרופסור החל לשאול את הילד שאלות ולבקש ממנו לעשות משימות. והילד? מלאך. עושה כדבריו, מגיב נכון. כאילו מה, הכול נעלם?

הרופא התחיל לדבר על האפשרות שאנו לחוצים מדי, שאולי כדאי לחכות עוד כמה חודשים...

רעייתי הביטה בי בתימהון, ואני קרצתי לה כמסמל ״עוד דקה״.

למעשה, חלפו ארבעים דקות עד שלילד ה״מלאך״ נגמרה הסוללה. תוך רגעים המקום היה על גלגלים, המחשב כובה, האור בכל המסדרון נותק, ובקיצור – מהומת-על.

אחרי שעה כבר היינו עם מרשם ביד.

•

ככה זה קרה, וככה, כנראה, זה קורה בעוד בתים.

חשוב לי לומר שזכינו להכיר גם אנשי מקצוע מעולים, אנושיים, שידעו להכיל, להגיב כראוי, להיות קשובים ולא למהר להסיק מסקנות.

אחרי אירוע הכניסה לכיתה התקבלה ההחלטה: עכשיו הכול ממוקד כדי לעזור לילד להצליח. אני מודה שהחיים הכינו אותי לכך; הן הניסיון האישי שלי והן הניסיון המקצועי היו לי לעזר, אך מנגד, גם הכבידו וכאבו עד אין קץ.

לי ברור שאין מענה אחד ויחיד. אין פעולה אחת שאותה יש לעשות והעניין מסתדר. ממש לא. בשביל לעבוד נכון עלינו לפעול במודל רב מערכתי סביב הילד. במודל יש ארבעה מעגלים: מעגל ההורים והבית, מעגל המסגרת החינוכית, המעגל הרפואי והמעגל הפרטני (פירוט מדוקדק לכל מעגל מופיע בחלקו השני של הספר).

לקחנו אוויר, שילבנו כוחות והבטחנו זה לזה בשתיקה: "הילד יצליח". כך ידענו, ולא משנה שום דבר, הוא יצליח!

•

לפנינו עמדה אחת הדילמות המוכרות לכולם. טיפול תרופתי, כן או לא?

גילוי נאות: באותם הימים הייתי אנטי תרופות בכלל, ובפרט בעניין הזה. כבר עסקתי לא מעט שנים בתחום, עזרתי ללא מעט ילדים, ללא צורך בטיפול תרופתי. עם זאת, עמדתי בפני אחת ההחלטות הגורליות בחיי; כהורה לא פשוט לעשות את ההבחנה בין הצורך של הילד – ובין הדעה והאמונה שלך.

אני זוכר שישבתי לבדי בחדר העבודה וניהלתי עם עצמי שיחה בסגנון של "שמר, עזוב את דעתך האישית, את ניסיונך המקצועי, ושים את הילד במרכז. למה באמת הוא זקוק? מה יוכל לעזור לו? לא לך!"

אספנו את עצמנו והתחלנו בתהליך מורכב, שכלל הדרכה הורית ממוקדת בצרכים של הילד ושל בית שיש בו ילד עם הפרעת קשב. למרות שידעתי בדיוק מה צריך לעשות, הבנתי שעכשיו אני אבא ולא מטפל. השינוי התפיסתי הזה לא

קל אבל הכרחי. פעמים רבות אנו לא ממש מבינים את הצורך הזה בהדרכה, אבל להדרכה הורית, בעיקר בגיל הצעיר, יש השפעה מכרעת להמשך.

כהורים אנו עוברים תהליך לא פשוט. הוא מתחיל בהכחשה, כי איך נודה באמת אם מבחינתנו, אחרי תשעה חודשי היריון, כליל השלמות הגיע לעולם? כשיש קושי, מכל סוג שהוא, אנו עוברים תהליכים של אֵבֶל עד שאנחנו מקבלים את המצב.

כשהקושי נראה לעין, כשהוא פיזי, משך הזמן שאנו בהכחשה הוא קצר. אנו בוכים, אך מתחילים לפעול. אבל במקרים כמו זה, שבהם הקושי לא נראה, יש לנו הרבה יותר סיבות להתכחש. פעמים רבות אחד מאיתנו, ההורים, הוא בעצמו כזה. כשאני רואה את הילד שלי, אני רואה את עצמי ולא כל כך בא לי לראות את זה.

ואז זה מתחיל. כשאומרים ש״הילד שובב, חסר שקט״, מייד אנו עונים, ״אז מה, גם אני הייתי שובב. תניחו לו״. כשזה מסלים – הטענה מופנית לאימו היקרה, ״תהיי יותר חזקה, תפסקי לפנק״. מאוחר יותר, כשפוגשים את המורים, אומרים להם, ״אם רק הייתם יודעים איך לדבר נכון ללב של הילד, הייתם רואים איזה ילד קסום הוא״.

אחר כך, כהורים, אנו צריכים ללמוד איך מדברים עם ילד כזה. למשל, אנחנו יושבים בסלון ורואים משחק, פונים לתכשיט ומבקשים, ״קח את הכוס, תשים בכיור, ובדרך חזרה תביא את המגבת״.

הילד מתחיל ללכת, ובמקרה הטוב עוצר ושואל מה רציתם. במקרה הפחות טוב הוא פשוט הולך ולא חוזר. ואז אתם יוצאים מדעתכם ומתחילים עם האשמות ואיומים.

תלמדו: עם ילד כמוני, בכל פעם רק בקשה אחת. פרה-פרה.

זה היה (וזה עדיין) מסע ארוך וקשה, רצוף בעליות ובירידות, בתסכולים וברגעי אושר. מסע שכולו רגעי החלטות קשות ומחירים כבדים, גם לשאר בני המשפחה. היו לנו רגעי משבר, כמו שיש לכולם. אבל גילינו שהרגעים האלה חולפים, ואילו אנחנו והילד – נשארים. לא איבדנו את התקווה ואת האמונה בנו ובו, אף לא לרגע. להרים ידיים לא הייתה אופציה מבחינתנו – כי ידענו שאם אנחנו נרים ידיים, גם הילד שלנו ירים ידיים.

הדבר החשוב שהבנו, כהורים, הוא שבמסע הזה אין קיצורי דרך ואין פתרונות קסם. זהו מסע ארוך עם עליות, נפילות, שינויים והתאמות. הזכרנו לעצמנו שמה שחשוב הוא שאנחנו מתקדמים, גם אם לפעמים אנחנו טועים. ככל שהשכלנו לגלות חמלה לעצמנו, הגדלנו את יכולת ההכלה שלנו כלפי ילדנו וסביבתנו.

כיוון שעברתי בעצמי את המסע כילד וכהורה, אני מרגיש חובה וזכות לשתף אתכם בכמה מהתובנות שלנו. כדי להקל עליכם, ארשום אותן כנקודות:

- עלינו להתייחס לילד שלנו בכל הרבדים: הרובד ההתנהגותי, הרגשי, הלימודי והחברתי.
- אנחנו לא באמת יודעים כיצד לנהוג (כן, גם עם הרקע האישי והמקצועי שלי!) ולכן עלינו לקבל הדרכה; בשביל להבין את ילדנו ולגלות מה נדרש מאיתנו כדי לסייע לו.
- עלינו ללמוד לשתף פעולה עם מערכת החינוך; ללמוד כיצד לרתום אותה עבור הצרכים של ילדנו, ובעיקר לפתח גם במערכת את האמונה שהוא יכול ושהוא יצליח.

הניסיון האישי שלי חיזק בי את הרצון לסייע גם להורים אחרים. היום, כאיש מקצוע, אני פוגש הורים רבים שאיתם אני חולק את החוויות האישיות שלי – ואת ההמלצות שעזרו לי באופן אישי ולנו, כמשפחה, להתגבר על

הקשיים. הנה כמה מהן:

- **אתם הורים טובים.** פעמים רבות, כשאנו מגלים שלילדנו יש קושי כלשהו, אנחנו מאשימים את עצמנו וחשים שאנו הורים לא מספיק טובים. לתחושות האלה יש מקום – אך אסור לנו לתת להן לנהל אותנו.
- **שמשו מודל לחיקוי.** כהורים אנחנו הדמות המשמעותית ביותר לילדנו, לכן חשוב שנהווה דוגמה – גם כשזה קשה. אם אנחנו מבקשים מילדנו להתאפק גם כשהוא כועס, עלינו להראות לו שגם כשאנו כועסים אנחנו יודעים להתאפק. כמו כן, חשוב להדגיש בפניו שגם כשאנחנו כועסים, תמיד, אבל תמיד, אנחנו אוהבים אותו.
- **העצימו התנהגויות חיוביות.** פעמים רבות אנו נוטים להבליט את ה"אין" ולהתייחס ל"יש" כמובן מאליו, וזו טעות. עלינו להעצים ולהדגיש כל התנהגות וכל עשייה חיוביות, וזאת במטרה להגביר את המוטיבציה לעשייה ולהתנהגות מותאמות.
- **טובים השניים מהאחד.** ככל שנדע לשתף פעולה, כהורים, עם מערכת החינוך ועם שאר הגורמים המעורבים, כך נצליח להביא לשינוי ולהצלחה משמעותיים.

והכי חשוב: זכרו כי מעבר להגדרות, לאבחונים, לציפיות ולדרישות – נמצא מולכם ילד. ילד אחד, אשר אינו מתכנן, אינו רוצה ואינו בוחר להציק לכם. הוא לא מעוניין לא להקשיב לכם, גם לא לפגוע בכם או בחבריו. הוא פשוט ילד, כמו כל הילדים, שחולם להצליח. ילד ששואף להיות רצוי ונאהב. ילד שרוצה להיות ממש כמו כל אחד. ילד שזקוק לכם בשביל להרגיש שהוא יכול ושהוא שייך, הוא רוצה להרגיש רצוי ונחשב, להרגיש שאתם שם, מאחוריו, מאמינים בו וביכולותיו.

אל תוותרו עליו. אפילו לא לרגע.

חלק שני:

המדריך

מדריך העצמה לגידול ילדים
עם הפרעת קשב ולקויות למידה

ראשית (ולמעשה, בפעם השנייה בספר זה) הבהרה:
הכתוב בספר לא יכול לשמש תחליף לטיפול ולא לייעוץ מקצועי.
עם זאת, הוא יוכל להבהיר כמה נקודות, להקל, ויותר מכול:
להכניס אתכם למה שמתרחש בראשו של ילד שדומה מאוד לילד שלכם.

במסגרת עבודתי אני פוגש באופן קבוע צוותי חינוך, או הורים לילדים
עם הפרעת קשב. כאשר אני מספר על ההתמודדות האישית שלי,
כמעט תמיד אני נשאל, "אילו היית היום ילד, מה היית צריך מאיתנו,
הורים או מורים, כדי להצליח?"

יש לי תשובה קבועה לשאלה הזאת.
אני נוהג לנשום נשימה עמוקה, ולומר שהייתי
צריך מהם שלושה דברים המשולבים זה בזה.

1. מבוגר אחד שמאמין

הדבר הראשון הוא מבוגר אחד, שידע להסתכל לי בעיניים ולתת לי את ההרגשה שהוא מאמין בי. ממש מאמין שאני יכול, ושהוא לא מתכוון לוותר לי, או לוותר עליי.

קל להגיד את המילים האלה, אך במציאות זה מורכב יותר. אני כילד עושה הכול כדי שתיכנעו, תרימו ידיים ותוותרו. אני מבטיח ולא מקיים, אני קובע הסכמים ולא עומד בהם, ואני מייאש אתכם שוב ושוב.

מעבר לכך, אני גם יודע להסתכל לכם ב"לבן של העיניים" ולהרגיש אם יש מאחורי המילים שלכם כוונה אמיתית, או שהן רק העמדת פנים. לכן, אל תגידו דברים שאינכם מאמינים בהם.

אבל היו בטוחים בדבר אחד: אם תתמידו ולא תתייאשו – יגיע הרגע שבו אסמוך עליכם. ואז אעשה הרבה, הרבה יותר ממה שחלמתם וממה שאני הייתי עושה לו זה היה תלוי רק בי.

2. גבולות ברורים

הדבר השני שאני זקוק לו – והדגש הוא על המילה "זקוק", לא "רוצה" – הוא שתהיו מבוגרים משמעותיים, שיודעים להגיד, "עד כאן! זה מותר וזה אסור. כאן עובר הגבול". בפשטות, אני זקוק לגבולות ברורים. אחרת, הכאוס הפנימי והחיצוני יהפכו לאוקיינוס של צרות.

אני כמובן לא אבקש את זה מכם. להפך, אעשה כל דבר שביכולתי כדי לפרוץ את הגבולות ולחפש כל חריץ לחדור דרכו. אך ברגע שבו אראה ואחוש שאין אפשרות כזו, ואתם לא תוותרו, אדע להתכנס לתוך הגבולות ולפעול במסגרתם, כמו שצריך.

זו משימה קשה, ולעשות אותה נכון קשה אף יותר. אבל היא הכרחית, ובעיקר אפשרית. גם אם אתם מיואשים – דעו לכם שהמשימה הזאת אפשרית.

3. תיווך

הדבר השלישי שאני צריך הוא תיווך ביני ובין המציאות. מה זה בדיוק תיווך? זו דרך להסביר דברים, שמבוססת על פירוק המטלה לחלקים, הדגמה – ואז התנסות.

זה בדיוק מה שאני צריך. אם אתם תראו לי בקביעות כיצד עושים את המשימות, תדגימו לי זאת בעצמכם ותיתנו לי להתנסות (וגם לטעות), יגיע הרגע שבו אפנים ואדע לעשות זאת בעצמי. כן, גם זה לא פשוט, אך בוודאות אפשרי. יש קורסים וסדנאות שבהם מלמדים איך לתווך את המציאות לילד (או למבוגר, אם זה המקרה).

לתיווך יש יתרון נוסף גם להורים: הוא מאפשר להם להיות משמעותיים בחיי הילד. וכשאנו מאמינים ביכולתנו להיות משמעותיים, אנחנו הופכים למשמעותיים. כשאנחנו מאמינים שהילד שעומד מולנו יכול להשתנות, הוא ישתנה. וכשאנחנו משקיעים בקביעות, משנים תוך כדי תנועה ומתמידים, ההצלחות מגיעות.

עושים סדר בבלגן:
ההגדרות

יש הרבה מאוד מידע זמין בתחום של הפרעת קשב ולקויות למידה. זה לא בהכרח חיובי. חלק מהמידע סותר חלק אחר, חלק מבלבל וחלק אחר כלל לא מובן. בשלב הראשון, בואו נעשה סדר באוקיינוס המידע הזה, שכולנו כמעט טובעים בו.

ונתחיל בהגדרות

לאורך השנים חלו שינויים ותמורות בהבנה של "מהי הפרעת קשב?" היום היא מוגדרת כ"הפרעה נוירולוגית התפתחותית שמאובחנת בילדות ונמשכת לכל אורך מעגל החיים, גורמת לקשיים בהקשבה, בריכוז ופוגעות בתפקוד של היחיד".

מבלבל קצת, נכון?

למעשה, כשאנו מדברים על הפרעת קשב, אנו מתייחסים לשתי תתי-קבוצות: ליקוי קשב, היפראקטיביות ואימפולסיביות.

ליקוי קשב

ליקוי קשב מוגדר כחוסר תשומת לב, חוסר הבחנה במידע או התעלמות ממידע, ומוסחות גבוהה מגירויים, אשר מפריעים לתפקודו של היחיד.

ילדים וילדות עם ליקוי קשב לרוב אינם מפריעים לאיש. ברוב הזמן הם מתנתקים ושוקעים בעולם הפנימי שלהם. בגלל שאינם מפריעים, הם גם לא מושכים אליהם תשומת לב, ולכן, פעמים רבות, הם מתפספסים.

לעניות דעתי, ילדים אלו נמצאים בסיכון גבוה יותר, לאור העובדה שהם נופלים בין הכיסאות.

היפראקטיביות

היפראקטיביות היא פעלתנות יתר שאינה תואמת את הסיטואציה, ומפריעה לילד ולסביבתו. במילים אחרות, זהו הצורך להיות בתנועה מתמדת, לעמוד, לקפוץ, לגעת, לדפוק או להתנדנד בכיסא.

ילדים עם היפראקטיביות בהחלט מפריעים לסביבתם ו"לא באים טוב בעין" למבוגרים שזקוקים לשקט ולסדר במהלך הפעילות, כמו גם למורים – שאלו הם תנאים בסיסיים ליכולתם ללמד כיתה גדולה.

אימפולסיביות

אימפולסיביות היא הקושי לשלוט בדחפים. הקושי לעצור רגע לפני התגובה, הקושי לקחת נשימה שנייה לפני שכל הכעס והזעם יוצאים.

ברוב הזמן תגובות של ילדים עם אימפולסיביות אינן מותאמות לסיטואציה. אלו ילדים שאצלם כל אירוע קטן הופך למלחמת עולם. הם גם חווים תסכול מתמשך, לאור העובדה שכל הזמן הם חשים מואשמים. מבחינתם, התסכול שלהם מוצדק – כי הם נענשים על תגובות שאולי אינן מותאמות, אך הם לא מגיבים כך בכוונה.

חשוב לדעת: הקשיים האלה יכולים להשפיע על כל תחומי החיים, הן ברמה הקוגניטיבית, הן ברמה ההתפתחותית, הן ברמה הרגשית והן ברמה החברתית.

בנות עם הפרעת קשב?

״אני לא יכולה יותר עם הילד הזה״, היא הכריזה מייד כשנכנסה לקליניקה, ״זהו, אני בהתמוטטות״. היא התיישבה על הכיסא בחוסר נוחות. ״אני לא מספיקה כלום, כולם מתלוננים עליי, נמאס לי להיות האשמה, הלא בסדר, הלא מספיקה, העייפה, המבולגנת. די, אני רוצה קצת סדר״.

העיניים שלה זזו מצד לצד באי-שקט. הזדהיתי איתה. ראיתי בתוכה את הרצון לסדר, את ההשתוקקות לחיים בתוך טבלאות אקסל, לחיים ללא הפער בין הרצוי למצוי.

״את מכירה את זה מהעבר, או שזה התחיל רק כשהפכת לאימא?״

פרץ של דמעות הציף את פניה. ״תמיד זה היה ככה״, היא הצליחה להגיד בקול חנוק, ״אבל אף אחד לא שם לב איך בכל דבר הייתי צריכה להשקיע יותר זמן מכל אחד אחר כדי להגיע למשהו. בבית הספר הייתי נלחמת כדי להצליח. וזה הצליח...״

לאחר שנייה של שקט הרשיתי לעצמי להמשיך אותה, ״עם הרבה בכי ותסכול?״

היא חייכה בעייפות.

״תמיד חשבו שאני רגישה מדי. ילדה, אתה יודע. בנות נתפסות תמיד כרגישות מדי. אז לקחו אותי לפסיכולוגים. אבל זה לא עזר״.

״מישהו העלה פעם את האפשרות שיש לך הפרעת קשב?״ העזתי לזרוק את הפצצה לאוויר.

היא הרימה לעברי זוג עיניים אדומות.

״הפרעת קשב?! מה פתאום? זה אחי, אחי הוא החכם בבית וגם זה שעשה את המוות להורים שלי. כל הזמן היה מפריע, שנייה לא ישב, רב עם כולם, בלגניסט, שוכח ומאבד הכול, אבל היה מוציא ציונים... אוף איתו״.

בשקט של החדר היא נשענה לאחור. ״אתה חושב שאולי גם אני כזו?״

״יש אפשרות, ואפילו סבירה הרבה יותר משנדמה לך״.

•

בשנים האחרונות גוברת ההבנה שהפרעת קשב אינה עניין של גברים בלבד, והיא יכולה להופיע גם אצל נשים. תסמיני הפרעת קשב אצל ילדות יהיו אחרים מאשר אצל ילדים, לכן הסביבה – ההורים, מערכת החינוך והחברה – לא תמיד תתרגם אותם כהפרעת קשב.

מחקרים בנושא הפרעת קשב אצל ילדות מצאו שאחוז הבנות המאובחנות עם הפרעת קשב קטן משמעותית מבנים. למעשה, 75%-50% מהילדות עם הפרעת קשב – מוחמצות ואינן מאובחנות. גרוע מכך, ילדים מאובחנים לרוב כבר בגיל שבע, ואילו ילדות רק בגיל שתים עשרה. חמש שנות ילדות קריטיות שבהן ניתן לקבל עזרה הולכות לאיבוד.

התוצאה: לא מעט נשים מגלות, לעיתים מאוחר מדי, שהקשיים שלהן אינם נובעים מעומס, עצלנות, רגשנות או חוסר מוטיבציה, אלא "פשוט" מהפרעת קשב.

•

אילו סימנים מופיעים אצל ילדות ואמורים להדליק לנו נורה אדומה?

התנתקויות

לרוב, ילדות אינן מייצרות "רעש סביבתי" שמאפיין ילדים עם הפרעת קשב. במקום זאת הן מתנתקות ומתכנסות בתוך עצמן. כלפי חוץ נדמה שהן מקשיבות קשב רב, אולם הן אינן מחוברות כלל למה שקורה סביבן ופשוט בוהות בחלל. יש נטייה לתפוס את הילדות האלה כ"שקטות ונוחות". לעיתים קרובות הן יהפכו ל"שקופות של הכיתה", אלו שקל לא לראות אותן ולא לשים לב לצרכיהן.

דיבור ללא הפסקה

אצל ילדות חוסר השקט והאימפולסיביות – מאפיינים מובהקים של הפרעת קשב – יכולים לבוא לידי ביטוי בדיבור מתמשך, ולעיתים אף בלתי נשלט. פעמים רבות, כשנבקש מהן להפסיק, הן ימשיכו בווליום גבוה יותר. צריך לזכור שזה לא נובע מהתרסה או מחוסר כבוד. ייתכן שהדבר קשור לחוסר יכולתן לווסת את עצמן ולשלוט בכך.

רגשנות יתר

קיימת נטייה לפרש התפרצויות בכי אצל ילדות כרגישות יתר, אולם ייתכן שרגשנות זו היא תוצאה של תסכול הנובע מהפרעת קשב. כאשר קורה אירוע שתוצאתו מאכזבת, התגובה לכך תהיה, פעמים רבות, פרץ דמעות בלתי נשלט. האימפולסיביות, המאפיינת את הפרעת הקשב, לעיתים תובע אצל ילדות כקושי בשליטה רגשית, והביטוי שלה הוא דמעות.

קשיים חברתיים

פעמים רבות מלינות ילדות עם הפרעת קשב על כך שאין להן חברות. הן אינן מקובלות בחברה, ולעיתים אף מעורבות במריבות. חשוב לזכור שילדות עם הפרעת קשב עשויות להיות איטיות בהבנת רמזים חברתיים, מה שעלול ליצור

תחושה של חוסר הסתגלות חברתית. בנוסף, הפרעת קשב יכולה לגרום להן
להגיב באגרסיביות מילולית כשהן מרגישות מתוסכלות.

קושי בסדר, בהתארגנות ובסיום מטלות
אחד הסימנים הבולטים להפרעת קשב אצל ילדות הוא קושי בסדר ובארגון,
אי-עמידה בלוחות זמנים, נטייה לשכחה וקושי עצום בסיום מטלות.

•

התוצאה המיידית של סימנים אלו היא לרוב תסכול מתמשך. לעיתים
התסכול הזה יכול להוביל לחרדות, לתחושה של "אני לא שווה כלום", לתגובות
אגרסיביות, לנטייה לדיכאון ולוויתור עצמי גדול.
עלינו להיות מודעים לעובדה שהפרעת קשב אינה נחלתם של בנים בלבד.
אם אתם הורים לבנות – חשוב להיות ערים לסימנים, לשים לב להתנהגויות
או לתגובות שאינן הולמות את הסיטואציה, להיות רגישים לכמות המאמץ
וההשקעה של הבת שלכם, יחסית לתוצאות של אותם מאמצים.
אם אתם מרגישים שהילדה שלכם מראה סימנים המעידים על הפרעת
קשב, כדאי לפנות לצוות החינוכי ולא לחכות שהם יפנו אליכם. לאבחן, להתחיל
לפעול, ולזכור שיש דרך ואפשרות להצלחה.

האבחון

אז עכשיו, כשההגדרות ברורות יותר, האם אתם מרגישים צורך להכניס את ילדכם לתוך אחת מ"הקופסאות"? חכו טיפה. לפני שאתם רצים ומקטלגים, צריך לבחון פרמטרים נוספים. למעשה, עכשיו מגיע החלק החשוב ביותר בתהליך: אבחנה מבדלת.

ככלל, אבחון נכון של הפרעת קשב אינו דבר פשוט וקל, זאת לאור העובדה שאין בנמצא בדיקות פולשניות או אחרות, שיודעות להגדיר באופן חד-משמעי אם זו הפרעת קשב או לא. במקום זאת, אנו נשענים על דיווחים של התנהגויות חיצוניות. מטבע הדברים, אלו דיווחים סובייקטיביים שמושפעים מגורמים רבים, חלקם אינם מודעים בהכרח. בנוסף, עלינו להביא בחשבון שיכולים להיות קשיים אחרים אשר עלולים לגרום להתנהגות שדומה מאוד להתנהגות של ילדים עם הפרעת קשב – אך כלל לא מדובר בהפרעת קשב. **קשיים בוויסות החושי**, למשל.

ויסות חושי הוא התהליך שבו אנו קולטים גירויים מהסביבה באמצעות החושים, מעבדים אותם ומשתמשים בהם. בתהליך של ויסות חושי תקין המערכת קולטת ומעבדת נכון את הגירויים שנקלטו על ידי החושים, ואז מאפשרת להגיב אליהם באופן מיטבי. למשל, לרעש חזק תגיע תגובה שהיא "הגיונית" למין גירוי כזה.

במצב שהמערכת פועלת בצורה לא תקינה, התגובות אינן תואמות את הסיטואציה. למשל, רגישות יתר (ותגובת יתר) לרעש חזק, למגע, לריחות, לטקסטורות של בדים שונים ועוד. מנגד, יכולה להיות גם תת-רגישות לגירויים החושיים. למשל, בזמן לחיצת יד או חיבוק, הכוח המופעל רב מדי.

אלו תגובות שמאפיינות הפרעת קשב, אבל לא רק. ייתכן שמדובר בקושי בוויסות חושי, ובמקרה כזה ההתערבות ואופן הטיפול שונים לחלוטין. טיפול לא נכון, שמבוסס על אבחנה מוטעית, פשוט לא יביא לתוצאות. הוא אפילו עלול

להביא לתוצאות שליליות, ולוּ בגלל התסכול המתלווה, שככל הנראה יועצם.

גם קשיים פיזיולוגיים עלולים לגרום לתופעות דומות לאלו של הפרעת קשב. קשיים קלאסיים כאלה הם ליקויי שמיעה וליקויי ראייה מסוגים שונים (קוצר/רוחק ראייה, פזילה, בעיות במיקוד ראייה). הפרעות שינה גם נכנסות לסל הזה, ובתוכן חסך שינה או שינה לא איכותית (כמו "תסמונת הרגל חסרת המנוחה"). בעיה פיזיולוגית נוספת שיכולה להתפרש כהפרעת קשב היא ליקוי בתפקוד של בלוטת התריס (תת-פעילות או פעילות-יתר).

מעבר לכך, יש להביא בחשבון הפרעות נוירולוגיות שונות. סיבות רגשיות-נפשיות, כמו מצבי מתח, דיכאון, חרדות או התעללות, יכולות להיראות כמו הפרעת קשב – גם במקרים האלה המענה הוא שונה.

•

בשורות הבאות ניכנס ממש לתוך הז׳רגון המקצועי. זה אולי מעמיק מדי לספר כמו הספר הזה, אבל נעשה את זה. זה חשוב. בתהליך האבחון המבדל יש להבחין בין הפרעת קשב ובין תופעות אחרות, כמו הפרעת התרסה והתנגדות (ODD), הפרעות חרדה, הפרעה אובססיבית קומפולסיבית (OCD), הפרעות במצב הרוח והפרעות הסתגלות.

כמו כן, כדאי לזכור שלעיתים שורש הבעיה נעוץ במקור אחר, אפילו בלתי צפוי. למשל, לפעמים התנהגות ההורים גורמת להיווצרות של התנהגויות הדומות לתסמינים של הפרעת קשב. זה לא אומר שאנחנו הורים גרועים או לא אוהבים – אך במקרים שבהם הורים שינו את דרך התנהלותם, חלק מהקשיים שנצפו נעלמו.

•

אם כך, לאור העובדה שאנו מסתמכים על הדיווחים החיצוניים ההתנהגותיים – לאבחנה מבדלת יש חשיבות רבה. רגע לפני שנתחיל לדבר על מודל ההתערבות הנכון, בואו נעשה סדר גם בעניין האבחונים, תפקידם ומשמעותם.

נתחיל בכך שכדי לאבחן הפרעת קשב, אין לעשות אבחון דידקטי או פסיכודידקטי. זה לא האבחון המתאים.

תהליך האבחון

תהליך האבחון של הפרעת קשב, על פי משרד הבריאות, מחייב כמה וכמה שלבים ותהליכים. כדי לתת לכם מושג כללי על התהליך, הנה פירוט קצר שלהם:

ערכה קלינית (כמפורט בחוזר מנכ"ל משרד הבריאות) הכוללת:

- היסטוריה מפורטת של הילד ומשפחתו.
- הערכה מלאה על פי הקריטריונים של מדריך DSM עדכני.
- אבחנה מבדלת של הפרעות אפשריות אחרות.
- בדיקה קלינית מפורטת.
- שאלוני אבחון להורים ולמורים (כגון שאלון Conners). לא מדובר בשאלוני מעקב. חשוב שגם הצוות החינוכי וגם ההורים ימלאו את השאלונים, כך שישקפו את המציאות כפי שהיא.
- כלים אבחוניים נוספים לפי החלטתו של הרופא, כגון:

  o מבחנים ממוחשבים אובייקטיביים, כמו MOXO, CPT Tova, BRC. חשוב לזכור כי מבחנים אלו אינם מאששים או שוללים הפרעת קשב – הם משמשים רק אמצעי נוסף לאבחון.

  o מבחנים פסיכולוגיים, הערכה קוגניטיבית, הערכה פסיכיאטרית, הערכת כישורי למידה וכדומה.

  o בדיקה רפואית: הפסיכולוג המאבחן חייב להמליץ על השלמת האבחון באמצעות בדיקה נוירולוגית ו/או פסיכיאטרית של רופא הרשאי לאבחן הפרעת קשב.

תחלואה נלווית

כאשר מדברים על תחלואה נלווית, הכוונה היא לקשיים נוספים על הפרעת קשב, כאלה שבדרך כלל מופיעים לצד הפרעת קשב. למשל, ליקויי למידה,

דיכאון והפרעות פסיכיאטריות, הפרעות שינה, הפרעות נוירולוגיות שונות ועוד. למעשה, מצב זה נפוץ למדי, ולכן הרופא חייב לבחון את התחלואה הנלווית לסוגיה, להתייעץ עם גורמים מתאימים או להפנות לאנשי מקצוע מהתחום הרלוונטי.

מי רשאי לאבחן הפרעת קשב?

לא כל אדם שעוסק ברפואת הנפש או הגוף רשאי לאבחן הפרעת קשב. לא כל פסיכולוג, לא כל נוירולוג, שלא לדבר על רופאים אחרים. אם אתם חושדים שילדכם סובל מבעיה זו, חשוב שתדעו למי ללכת. אלו המומחים היחידים שבסמכותם לאבחן הפרעת קשב:

- מומחה בפסיכיאטריה של ילדים ונוער.
- מומחה לנוירולוגיית ילדים והתפתחות הילד.
- רופא ילדים בעל ניסיון של שלוש שנים לפחות בהתפתחות הילד.
- רופא ילדים מומחה או רופא משפחה מומחה, שעברו הכשרה מוכרת ורכשו ניסיון בתחום הפרעת קשב.
- מומחה בנוירולוגיה או בפסיכיאטריה של המבוגר.
- פסיכולוגים מומחים אשר התמחו ורכשו ניסיון בטיפול בהפרעת קשב, ובתנאי שהפנו את המאובחנים לרופא מומחה מורשה לאבחון הפרעת קשב, כדי לברר תחלואה נלווית וכדי לברר ולאשר את הצורך בטיפול תרופתי.

מאבחנים מומחים אלו יכולים להיעזר באנשי מקצועות הבריאות האחרים, כמו עובדים סוציאליים, מאבחנים דידקטיים, מרפאים בעיסוק, פיזיותרפיסטים, קלינאי תקשורת ואחרים. עם זאת, הם, והם בלבד, אחראים לאבחון.

לעניות דעתי, הדבר הנכון ביותר לעשות הוא לפנות לפסיכיאטר מומחה בתחום הקשב. בידיו נמצאים כל הכלים לתהליך של אבחנה מבדלת, והוא גם יכול להעלות אפשרויות נוספות היכולות להסביר את ההתנהגות הנצפית של הילד. לקויות למידה, למשל.

מודל ארבעת
מעגלי ההתערבות

האבחון נעשה, והגענו לטיפול עצמו. כמובן, מדובר בתהליך לא פשוט ולא
קצר – אבל את זה אנחנו כבר יודעים, נכון? שום דבר לא יפחיד אותנו. זה הזמן
לתקוף את הבעיות ולטפל בהן אחת-אחת, בסבלנות ובהדרגה.

טיפול נכון בהפרעת קשב הוא טיפול רב-מערכתי. אין מענה אחד
שבאמצעותו הבעיה "תיפתר", אלא מעגלים שונים של התערבות, שכל אחד
מהם תורם בדרכו, וכולם יחד מביאים לתוצאה טובה. נתחיל במעגל שהכי קרוב
אלינו, ההורים.

המעגל הראשון:
הורים

התפיסה האישית שלי על הורות אומרת שהאחריות על ילדיי נמצאת,
בראש ובראשונה, אצלי ביד. האחריות על ילדינו מוטלת עלינו, ההורים. נכון,
תפקידם של אנשי המקצוע לסייע, לעזור ולכוון, אך אני זה שצריך להוביל את
כל התהליכים שקשורים בילדיי. אני ההורה שלהם!

רגע, למה בכלל צריך לקבל הדרכה? מה, אנחנו הורים לא מספיק טובים?
האינסטינקטים שלנו לא טובים?

אלו שאלות מצוינות. כהורים, אנו מכירים את ילדינו ויש לנו תחושות
ואינסטינקטים נכונים. עלינו להישען עליהם, אבל בואו נזכור שאנו מזדהים עם
ילדינו ומעורבים רגשית בחייהם באופן מאוד עמוק. לא תמיד אנחנו מצליחים
להפריד בין הרגש להיגיון, ומעבר לכך – אין לנו הידע וההבנה בנושא. לכן

יש צורך אמיתי וחשיבות גדולה להדרכה של מומחים, מתוך אותה גישה שאנו ההורים מובילים.

אנחנו יכולים להיות הורים מצוינים, אך לילד עם הפרעת קשב (או כל קושי אחר) יש צרכים שקשה מאוד להבין או לספק אינטואיטיבית. את זה אני יכול להגיד לכם ממקור ראשון, גם כילד שסבל מהפרעת קשב וגם כהורה לילד כזה. אנו צריכים, זקוקים ומוכרחים לקבל הדרכה — כדי שיהיה לנו ידע וכלים לפעול ולהפעיל את מי שצריך.

חשוב להדגיש: בכל קהילה יש תוכניות הדרכה הורית שונות ומגוונות. עם זאת, יש לבחור מראש בתוכנית מותאמת שמבוססת על טיפול בילדים עם הפרעת קשב. יש להם צרכים ייחודיים, וההתמודדות איתם שונה מההתמודדות עם ילדים ללא הפרעת קשב.

מחקרים מראים שתוכניות של הדרכה הורית, המבוססות על מודלים התנהגותיים-קוגניטיביים, יעילות ביותר. בנוסף, חשוב לבחור בתוכנית שמותאמת לגיל הילד. ההתמודדות עם ילדים בגן ובבית הספר היסודי אינה דומה להתמודדות עם ילדים בגיל ההתבגרות. ומה הן מטרות ההדרכה ההורית? נעבור עליהן.

מטרה א: קבלת המצב

כשנולד לנו ילדנו האהוב, אנו חשים שלעולם הגיע תינוק כליל השלמות, כמעט. אנו רואים לנגד עינינו יצור שלם ומושלם. זה האינסטינקט ההורי, וזה נפלא. אלא שכאשר מתגלה לנו שלילד יש קושי מסוג כלשהו, אנו, הוריו, עוברים תהליך של אבל, צער וכאב.

אם הקושי נראה ובולט (למשל, קושי פיזי או בריאותי) המצב ברור לנו יותר. אומנם אנחנו כואבים ובוכים, אבל גם מתחילים לפעול ולעשות כל מה שביכולתנו כדי לעזור לילד ולקדם את מצבו.

במקרה של ילדים עם הפרעת קשב, המצב שונה ומסובך יותר. לרוב, לקשיים של הילד אין ביטויים חיצוניים ברורים ש"מתניעים" אותנו. זה רק עניין

של התנהגות, והרי ידוע שכל ילד שונה, ויש ילדים קלים יותר וקלים פחות. רק בשלב מאוחר יותר אנחנו מעלים על דעתנו שיש בעיה "אמיתית".

גורם נוסף שמסבך את העניין: במקרים רבים, אחד ההורים עצמו סובל מהפרעת קשב או קושי דומה. לפעמים הוא מודע לכך ולפעמים לא. למעשה, בשנות השבעים והשמונים, כשאנחנו ההורים היינו ילדים, כלל לא הייתה מודעות לעניין. מעטים מאוד אובחנו, והיתר גדלו בחוסר מודעות.

ואז מתחיל בבית תסריט חוזר, שאני מכיר היטב. הורה אחד אומר ש"הילד שובב, אולי צריך לבדוק מה קורה איתו", ומתחיל דיון שמסתכם במשפט של ההורה האחר, "תעזבו את הילד, גם אני הייתי שובב". לאחר זמן יש הסלמה, וההורים מתחילים לקבל שיחות מהגן. זה האות לתחילת ההתנצחויות בבית בסגנון "את רואה? כמה פעמים אמרתי לך, אל תוותרי לו", ו"תהיה יותר חזק – מספק לפנק".

כשמגיעים לבית הספר, ומתנהלות שיחות עם הצוות החינוכי, יש לנו, ההורים, משפטי מחץ כמו "אם רק היית רואה אחרת את הילד שלי, אם היית יודעת כיצד להגיע אל ליבו – היית רואה איזה ילד מיוחד הוא..."

כל עוד אנו במצב הכחשה נחפש כל גורם חיצוני שיקבל על עצמו את האחריות. אבל מה שאנחנו באמת צריכים לעשות הוא להפסיק להכחיש ולהפנים בעצמנו שככה הם פני הדברים ושיש מקום לטיפול.

מטרה ב: קבלת ידע עדכני

כשאנחנו עוברים את שלב ההכחשה ומתחילים להתחבר לקבוצה או להדרכה פרטנית, אנחנו מתחילים ללמוד. וידע הוא כוח! אנחנו לומדים על הפרעת קשב, כיצד היא באה לידי ביטוי, ומה מתחולל בראשו ובנפשו של הילד. אנחנו לומדים איך להתנהג, להגיב, לדבר.

זה לא יהיה נכון להתייעץ עם ד"ר גוגל. לא במקרה הזה. ייתכן שבתחומים אחרים מנוע החיפוש הזה הוא נפלא ויעיל, אבל כיוון שהפרעת קשב כל כך

מסובכת לאבחון, "התייעצות" כזו רק תבלבל אתכם, תעלה את מפלס החרדה ותעצים את הפחדים. חשוב לקבל ידע וכלים מאנשי מקצוע מומחים, שעוסקים בתחום ומנוסים בו.

מטרה ג: תקשורת מותאמת עם הילד

אחרי שלומדים כיצד לדבר עם הילד, מתפתחת צורת תקשורת אחרת לגמרי. למשל, מתפתחת דרך חדשה לבקש דברים מהילד.

להמחשה: אימא מבקשת מהילד לקחת את הכוס למטבח, ובדרך חזרה להביא לה את הטלפון. מה שקורה בפועל הוא, הילד לא עושה דבר, או, במקרה הטוב, באמצע הדרך הוא שואל אותה מה היא רצתה. מאחר שזו משימה יחסית פשוטה וברורה, האימא לא מבינה למה הילד לא מסוגל לבצע אותה. כשהדבר חוזר שוב ושוב, היא מתחילה להתעצבן, להאשים ולאיים.

אחרי ההדרכה, האימא (כמו גם האבא) תלמד שלילד עם הפרעת קשב מדברים במשפטים קצרים וממוקדים, משימה אחת בכל פעם. היא תלמד גם להקפיד לדבר אליו כשהוא מולה (ולא מאחורי הגב), כשהוא מביט בה ישירות, ולא מרחוק.

מטרה ד: גבולות

שמירה על גבולות היא סוגיה מורכבת ורגישה, אך, לעניות דעתי, היא מאוד משמעותית. היא משפיעה מהותית על כל מה שקורה מסביבנו, הרבה מעבר לנושא הפרעת הקשב. כל הילדים זקוקים לגבולות. להצבת גבולות יש חשיבות רבה לאין שיעור ממה שנדמה לנו. עם זאת, ילד עם הפרעת קשב זקוק לגבולות הרבה יותר, כמעט ברמה של פיקוח נפש.

למה?

לא רק שלגבולות יש משמעות התנהגותית חיצונית – יש להם גם משמעות מבחינה נפשית, וזה מה שחשוב. גבולות יוצרים תחושה של ביטחון, של הבנה

של העולם. מערכת חוקים ברורה שמקלה על הילד בהתנהלותו בחיים. עולמו הפנימי של ילד עם הפרעת קשב הוא כאוטי מטבעו, ולכן הוא נאחז בגבולות כבדבר יציב שמקל עליו לסדר את הכאוס. אבל אם אין גבולות, גם הסביבה שבה הוא חי כאוטית. במקרה כזה מצבו של הילד יוקצן, ועלולים להתפתח קשיים הרבה יותר משמעותיים מ"רק" הפרעת קשב.

"הכול נכון", אתם בטח אומרים עכשיו, "אבל הילד לא רוצה גבולות. דיברנו, ניסינו ולא עוזר..."

ואתם צודקים. דיבורים באמת לא יעזרו. כדי שהילד יקבל את הגבולות, תחילה עליכם, ההורים, לשבת זה עם זה ולהגיע להסכמה ביניכם (!) על הדברים החשובים לכם. הסיבה לישיבה המשותפת: תיאום ביניכם. לכל אדם יש אג'נדה קצת אחרת, היות שכל אחד בא מחינוך אחר, מתפיסות שונות ומחוויות חיים אחרות. לכל אחד יש "אסור" אחר.

זה יוצר בעיה עצומה. אם אימא לא מרשה ממתקים בכלל, ואבא מרשה "מעט", אין הסכמה ואין גבול. זכרו: ילדים יודעים להרגיש ולהבין מה קורה מסביב, הם יודעים לזהות אם אתם פועלים כצוות או מתפקדים כבודדים, אם אתם מסכימים על דרך משותפת או שכל אחד מכם פועל בדרכו. כשזה כך, הם פשוט חוגגים. ואתם? אתם מייצרים לעצמכם בעיות נוספות.

אז – בראש ובראשונה, אתם חייבים להגדיר לעצמכם מה הם הגבולות. זה שלב לא פשוט – אך קריטי. פעמים רבות דווקא הוא יוצר את אבן הנגף הראשונה לחוסר ההצלחה ולתסכול.

חשוב: אם אתם מרגישים שאינכם מצליחים להגיע להסכמות, זה הזמן לפנות לגורם מקצועי. הוא ידע לעזור לכם להגיע להסכמות ולהתחיל לפעול כצוות.

•

אחרי שההסכמות הושגו, עליכם להגדיר מה יהיו ההשלכות במקרה שילדכם לא יעמוד בגבולות שקבעתם. זו חובה – כי גבולות ללא השלכות, אינם גבולות אמיתיים. הם בלוף. ואתם ממש לא רוצים לבלף כאן.

אבל קודם כול, הבהרה: חשוב שנזכור כל הזמן שאנחנו רוצים להאיר, להעצים ולתת מקום לכל עשייה חיובית של הילד, לכל שינוי ולכל התאמצות מצידו. אבל במקרה שהילד אינו עומד במצופה ממנו וחורג מההתנהגות המקובלת, עליו ללמוד לשאת בתוצאות. אל תחששו: אתם לא תפגעו בו ולא בנפשו. אתם לא תעשו לו נזק.

ההפך הוא הנכון.

התפקיד שלנו, ההורים, הוא להכין את הילד לחייו כמבוגר, ובחיים יש תוצאה לכל מעשה, ומשמעות לכל תוצאה. אם אתם לא מאפשרים לילד לחוות את משמעות התוצאה של מעשיו, הוא יבין שלמעשיו אין באמת משמעות. ואם אתם מוותרים לו ולא מחברים בין סיבה לתוצאה – אתם גורמים לכך שהילד גדל בלי הבנה שלמעשים יש תוצאות.

אבל בחיים ה"אמיתיים", למעשים בהחלט יש תוצאות, וילד שגדל בלי לכבד גבולות יחווה את התוצאות הללו באופן חזק וקשה הרבה יותר. ילד שלא הפנים את המשמעות של "לא", לא יבין את המשמעות של "לא רצים לכביש". ילד שגדל בתחושה ש"אסור" זה בעצם "מותר", יחווה קשיים בבית הספר, ייקלע לבעיות במקום העבודה, ואולי אף יגיע להתנגשויות עם החוק. בסוף הוא יבין – אבל בדרך הקשה, הכואבת.

הורים, יש לכם הזדמנות פז לגרום לילד שלכם להבין את המציאות בדרך הרבה פחות כואבת.

●

כמובן, אסור "להשתגע". הנה ארבעה כללים שיעזרו לכם ביצירת ההשלכות והתוצאות להתנהגות שחורגת מהכללים:

- חשוב שהתוצאות יהיו שקולות ומדידות.
- השתדלו להגיב קרוב לאירוע שהתרחש. אל תחכו עם התגובה כמה ימים, כדי שמשמעות הדברים לא תתמסמס ותאבד.
- התוצאה צריכה להיות פרופורציונלית למה שקרה, תוך הפעלת שיקול דעת.
- הכי חשוב: השתדלו לא לתת לרגשות שלכם לצוף ולהתערבב. הבן שלי אמר לי פעם, "אבא, למה אתם גם מענישים וגם מתעצבנים? אם אתם רוצים להעניש, בסדר. אבל לא צריך גם להתעצבן". הוא צדק. קחו את זה. זה יעזור גם לשלווה הנפשית שלכם.

•

לאחר שהגעתם להסכמות על הגבולות, ולהסכמות על ההשלכות מהחריגה מהגבולות, מגיע השלב הבא: להיות עקביים.

נכון, לחצֵי החיים מכבידים על כולם, ולא תמיד קל להיות עקביים. אבל אין לכם ברירה. בלי עקביות לא יתרחש שום שינוי!

גם כאן, אם לא תהיו עקביים, אתם בעצם תשדרו שהגבולות אינם אמיתיים, ההשלכות אינן אמיתיות, והמילה שלכם אינה מילה. אתם רק תעצימו את הבעיה ותגדילו את התסכול של כולם. הילד ילמד שאתם לא באמת עומדים מאחורי הדברים; המצב רק יחמיר ופעמים רבות ההתנהגויות יוקצנו.

זכרו: העקביות נותנת ביטחון ושקט לנפש. היא מרגיעה.

מטרה ה: תחושת מסוגלות

כפי שלילד עם הפרעת קשב צריכה להיות תחושת מסוגלות – גם להורים שלו צריכה להיות תחושה כזו. זה לא קל. פעמים רבות אנו ההורים חשים ש"איבדנו את זה". שאנחנו לא מסוגלים, שרק אצלנו זה קורה, שאין סיכוי

שנצליח לעזור לילד שלנו. אי אפשר להיות משמעותיים למישהו אחר, אם אנחנו לא תופסים את עצמנו כמשמעותיים.

תחושת בדידות כזו מעצימה את התסכול ואת הייאוש, ופוגעת בטיפול בילד. לעומת זאת, במהלך ההדרכה ההורית אנחנו מבינים שאנחנו לא לבד, ותחושת המסוגלות שלנו גדלה. אם אנחנו חלק מקבוצה של אנשים כמונו, המצב שונה. אנחנו מקבלים ידע שוטף, שומעים אחרים, תומכים בהם ונתמכים בעצמנו. אנחנו רואים שלא רק אצלנו הכול "רע", ויש גם אחרים שמתמודדים עם אותן בעיות כמו שלנו.

התוצאה: תחושת המסוגלות שלנו עולה ומאפשרת לנו לפעול נכון. אנחנו מתחילים לתפוס את עצמנו כמשמעותיים, וכך יכולים לעזור גם לילדים שלנו.

המעגל השני:
מענה פרטני לילד

כהורים, עלינו לדעת שלרוב הילדים עם הפרעת קשב יש קשיים נלווים: לימודיים, רגשיים וחברתיים. כדי לסבר את האוזן, כ-70% מהילדים עם הפרעת קשב סובלים גם מלקויות למידה, ולכ-40% מהם יש גם הפרעת חרדה. למעשה, מחקרים מראים כי 2%-3% מהילדים המאובחנים עם הפרעת קשב – יש רק הפרעת קשב.

מסיבה זו, כשיש חשש להפרעת קשב, חשוב לאבחן גם הפרעות נוספות. אנחנו חייבים להבין שהדבר דורש מאיתנו לתת מענה ממוקד לכל גורם שמעצים את הקושי.

לפני שפונים לבחירת - המענה המתאים, חשוב להגדיר אילו תחומים אנחנו רוצים לשנות, ובהם להתמקד. למרות שלרוב הקשיים באים לידי ביטוי בתחום שונים – אי אפשר לחולל שינויים בכל התחומים בעת ובעונה אחת. נכון יותר למקד את הטיפול בתחום האפקטיבי ביותר בנקודת זמן נתונה.

על פי המחקרים הטיפוליים, ההתערבויות היעילות ביותר לילדים עם הפרעת קשב הם טיפולים קוגניטיביים-התנהגותיים במסגרת תוכניות ממוקדות מטרה.

מה זה טיפול קוגניטיבי?

הפירוש של "קוגניציה" הוא "חשיבה". טיפול קוגניטיבי הוא טיפול המתמקד בדרכי חשיבה, ומטרתו לשנות את הדרך שבה אנו מעבדים ומפרשים את הקורה בתוכנו ובסביבתנו.

בטיפול הקוגניטיבי הנחת היסוד היא שהתגובות שלנו הן תוצר של מחשבות ופרשנות שאנו נותנים למתרחש סביבנו. אי לכך, אנחנו יכולים לשנות את הפרשנות שלנו – גם אם הסביבה החיצונית לא משתנה.

מה זה טיפול התנהגותי?

בטיפול התנהגותי אנו מבקשים לזהות את דפוסי ההתנהגות שאינם יעילים ופוגעים ביחסים שבין הילד לסביבה. לאחר שזיהינו אותם, אנחנו יכולים לעבוד על חיזוק של התנהגויות חדשות ומועילות לסביבה. בדרך זו אנו מנסים להגיע, בהדרגה, למצב של שינוי התנהגותי.

מהו טיפול CBT?

ראשי התיבות האלה מייצגים "טיפול קוגניטיבי-התנהגותי". כלומר, טיפול המבוסס על שילוב בין טיפול קוגניטיבי וטיפול התנהגותי.

CBT הוא טיפול קצר מועד, המתמקד ב"כאן ועכשיו". הוא עוסק בקשיים, במצוקות ובדפוסי חשיבה והתנהגות בעייתיים, שגורמים להפרעות רגשיות והתנהגותיות. בניגוד להתערבות דינאמית שבה ההתמקדות היא בעבר ובניתוח המשמעות שלו, ב-CBT מתמקדים בהווה ובעתיד. כך מנסים ללמוד כיצד לפתח דפוסי התנהגות שמביאים לתוצאות חיוביות ומאפשרים ליחיד לחוש טוב יותר ולתפקד באופן מותאם יותר.

פה, בדיוק, נכנס השילוב המתאים ביותר לילדים עם הפרעת קשב. הסיבה: הקוגניציה שלהם (כלומר, יכולת החשיבה שלהם) תקינה – ולרוב הרבה יותר מתקינה. מצד שני, מערכות הסינון, הוויסות ועיכוב התגובה לא מגיבות מייד – ולכן הפרשנות לאירועים והתגובות להם משתבשות. כשזה קורה, הילדים האלה נכנסים ללופ אינסופי.

ההתערבות הטיפולית הזאת אפקטיבית, כי היא מחברת בין מערכת הקוגניציה וההבנה ובין הפרשנות והתגובה. היא מאפשרת לילד לבנות לעצמו מאגר של אפשרויות ודרכים יעילות לפתרונות.

תהליך זה אינו פשוט כלל וכלל, ולעיתים יידרש פרק זמן ארוך עד שנראה תוצאות. צריך לזכור שלילד יש התנהגות נלמדת ונרכשת שצריך לעקור, והדבר דורש זמן ומאמצים. מעבר לזה, לרוב גם הסביבה אינה תורמת לשינוי.

חשוב מאוד: הבחירה בטיפול התנהגותי אינה צריכה להגיע מהרצון להימנע מטיפול תרופתי. היא צריכה לנבוע מתוך הבנה שלילד עם הפרעת קשב יש קשיים תפקודיים, והוא זקוק לעזרה ללא קשר לטיפול התרופתי (אשר נותן מענה באספקט אחד בלבד: הפחתה משמעותית של האימפולסיביות).

המעגל השלישי:
מענה תרופתי

הדיון הציבורי "בעד ונגד טיפול תרופתי לילדים" מתנהל ללא הפסקה, בכל פורום אפשרי, במשך שנים ארוכות. מדי פעם הנושא גם עולה לכותרות, בדרך כלל בגלל נקיטת עמדה של "סלב" זה או אחר, תחקיר עיתונאי או פרסום מכל סוג שהוא. פעמים רבות, כששואלים אם הילד "מטופל", בעצם מתכוונים לשאול אם הוא נוטל כדורים. אני, באופן אישי, נחשף לדיון הזה על בסיס יומי, בעיקר בבתי הספר, וכל הזמן צריך לענות על השאלה אם אני בעד או נגד.
אבל זאת בכלל לא השאלה!

הדיון של "כן כדור – לא כדור" הוא דיון רדוד ומצמצם, שמראה בעיקר על חוסר הבנה בסיסי כלפי מהותה של הפרעת קשב. להמחשת העניין, נניח שכאב לי הראש, נטלתי כדור וכאב הראש פחת או פסק. האם זה טיפול? ממש לא. זו רק הפחתה משמעותית של תסמינים מסוימים, ללא טיפול אמיתי בגורם לבעיה.

בהתאמה, אם במקביל לטיפול התרופתי לא יוענק לילד טיפול נלווה – מאלו שפירטתי קודם – לכדור לא תהיה השפעה בטווח הבינוני והארוך. הכדור אינו הופך את הילד לתלמיד טוב יותר, אינו מלמד אותו להגיב נכון או לפעול באופן מותאם לסיטואציה. מה כן הכדור עושה? הוא מפחית משמעותית את האימפולסיביות ואת חוסר השקט. הוא, בעיקר, ממקד ומאפשר חלון של זמן שבו אפשר לפעול ולהפעיל תהליכי התערבות.

ההחלטה אם להשתמש בטיפול תרופתי צריכה להיות ממוקדת בצורך של הילד. בשאלה, מהי מידת הפגיעה באיכות החיים של הילד ובתפקודו – לאו דווקא בתפקוד הלימודי, אלא יותר בתפקוד הרגשי.

למשל, כשילד עם הפרעת קשב סובל גם מרמה גבוהה של אימפולסיביות, הוא והסביבה חווים התפרצויות. הילד נרגע מהר – אבל הסביבה ממש לא. זה האות לתחילת תהליך של התרחקות וריחוק בין הילד לסביבתו, ואז מתחילות להיווצר בעיות אחרות, חברתיות ורגשיות.

את התהליך הזה אנחנו רוצים לעצור כמה שיותר מהר – אבל כל התערבות שאינה תרופתית לוקחת זמן. אם אנחנו רוצים לראות שינוי או הפחתה של התנהגויות מסוימות בקצב מהיר יותר, הטיפול התרופתי עושה את העבודה. רק חשוב לזכור: המענה התרופתי אינו פתרון (!) אלא אמצעי בלבד.

אז, באיזו תרופה לבחור?

התשובה אינה מוחלטת כלל. התאמה של כדור לילד מצריכה תהליך של ניסוי וטעייה. אין שום יכולת לנבא אם הילד יגיב טוב לכדורים בכלל, ולאיזה מהם בפרט. צריך פשוט לנסות ולעקוב. כמובן: כל התהליך של הטיפול התרופתי חייב להיות בפיקוח רפואי ועל פי החלטות הרופא המטפל.

המעגל הרביעי: המערכת החינוכית

לפי תפיסת עולמי המקצועית האישית, מקומם של רוב הילדים עם הפרעת קשב או לקויות למידה הוא במערכת החינוך הרגילה, בכיתה רגילה. אמת, במקרים מורכבים יש לבחון העברה של הילד למסגרת מיוחדת, אבל ככלל – מקומם בכיתה רגילה.

כדי לעשות זאת באופן נכון ומוצלח, חייב להתקיים שיתוף פעולה מלא בין ההורים למערכת החינוכית, בלי התנצחויות ובלי האשמות הדדיות. זה לא עוזר לילדים ורק מעצים את התסכול של כולם.

הנחת היסוד שלי: ההורה הוא הגורם האחראי ביותר על ילדיו, ולכן עליו להיות זה שמוביל את התהליך. הוא זה שצריך ליזום, לשתף וליצור את מערכת התקשורת הנכונה בינו ובין בית הספר.

כך למשל, בפתיחת שנה הלימודים, ההורה יכול ליזום פגישה עם המחנכת, היועצת והמנהלת, בהשתתפות של אנשי המקצוע המעורבים. מטרות הפגישה יהיו שיקוף של המצב העכשווי, תיאום ציפיות ובניית מסגרת של שיתוף פעולה ותקשורת קבועה, ללא קשר לאירוע זה או אחר. למעשה, מדובר בהגדרת יעדים לטווח הקצר, בהתאם לילד ולצרכיו.

מעבר לכך, עליכם ההורים להקפיד לעדכן את הצוות החינוכי בכל שינוי במצבו של הילד. פעמים רבות יהיה לכם ידע רב שיכול לסייע לצוות החינוכי, וכן חשוב שתשתפו את הגורמים הרלוונטיים בדרכים שבהן אתם פועלים עם הילד בבית, במה שעובד ובמה שלא.

נוסף וחשוב: בררו היטב על הזכויות שלכם ושל הילד, והתעדכנו באופן שוטף בנהלים ובשינויים של משרד החינוך בנושא. כך תוכלו לעמוד על שלכם כשצריך, ולא לוותר. אבל אל תשכחו – תמיד בדרך שמותאמת לילד שלכם.

תפקודים ניהוליים

״עוד פעם אתה מאחר?״

״כמה זמן כבר לוקח לך להתארגן?״

״מה כל כך קשה לשמור על התיק ועל המחברות מסודרים?״

אם האמירות האלה מוכרות לכם, אתם לא לבד. יש ילדים שזה באמת קשה להם. אבל למה? ייתכן מאוד שהדבר קשור **לליקויים בתפקודים הניהוליים** (executive functions) שלהם.

מה הם תפקודים ניהוליים?

בחיי היומיום אנו מקבלים החלטות רבות. אנחנו מבצעים פעולות שונות ונמנעים מאחרות, כמעט בלי לתת את הדעת כיצד כל זה מתרחש. מדובר באוסף של תהליכים קוגניטיביים-מנטליים אשר מתפתחים לאורך הילדות, ושיא הבשלות שלהם מגיע בין הגילים שמונה עשרה לעשרים. תפקודים ניהוליים אלו מאפשרים לנו לבצע פעולות כמו תכנון, ארגון, בקרה ופתרון בעיות. הם מסייעים לנו לחבר בין המשימה הנדרשת, התנסויות העבר ופעולותינו בהווה.

עם התפתחות המחקר על התפקודים המוחיים, התחילו להבין שבמוח קיים גם ״מנהל״ שאחראי על היכולות הללו. אותו מנהל אינו מתמחה בתחום ספציפי, אלא אחראי על ויסות של היכולות כולן. ממש כמו מנצח של תזמורת, או שוטר בצומת, או מנכ״ל של חברה גדולה שצריך להקצות משאבים ולהאציל סמכויות. המערכת הפיזית שמסייעת ב״ניהול״ נמצאת בקדמת המוח.

המוח הוא מערכת מורכבת מאוד, ולכן יהיה פשטני לומר שיש לו ״מנהל״ אחד. נכון יותר לומר שיש כמה תפקודים בעלי מאפיינים של ניהול, שאחראים על תפקוד נכון של שאר היכולות הקוגניטיביות. בתוך תפקודים אלו נוכל למנות

את היכולת לווסת רגש (כלומר, לעבד את הרגש ולא להיות מוצפים בגללו), לעכב תגובה (כלומר, לא להגיב באימפולסיביות), יכולות התארגנות, גמישות מחשבתית ועוד.

מאפיינים רבים של הפרעת קשב קשורים באופן הדוק לתפקודים ניהוליים. כך למשל, כדי שילד יצליח לעשות את שיעורי הבית הוא צריך "מנהל פנימי" חזק שיגיד לו לשבת ולעשות את זה, תוך ויתור על דברים מעניינים הרבה יותר. דוגמה נוספת: כדי שילד יצליח לעצור את עצמו, לפני שהוא מגיב באופן קשה לילד אחר שפגע בו, הוא זקוק ל"מנהל פנימי" שיגיד לו לעצור ולפעול בהיגיון. גם כשילד צריך לתכנן את הלמידה שלו לקראת בחינה, הוא זקוק ל"מנהל" שיגיד לו איך נכון להתארגן לכך.

התפתחות התפקודים הניהוליים משתנה מאדם לאדם. עם זאת, בקרב ילדים עם הפרעת קשב ולקויות למידה מערכת התפקודים הניהוליים אינה מתפתחת בהלימה לגיל הכרונולוגי. נוצר חוסר באוטומטיזציה של המערכת, ולכן, לעיתים תכופות, ילדים אלו נאבקים עם מיומנויות רבות שרובנו תופסים כמובנות מאליהן.

אפשר להבחין בקשיים בתפקודים ניהוליים בכל גיל, אך קיימת נטייה לשים לב לכך בגילי בית הספר. בתקופה זו מתחילים להתעורר קשיים "מדליקי נורה אדומה", כמו השלמת משימות, למידה עצמית והתנהלות חברתית.

דמיינו את המצב הבא: הילד שלכם יושב בשיעור חשוב בכיתה, והוא אמור להיות מרוכז בדברי המורה, כמו הילדים האחרים. אלא שה"מנהל" של המוח שלו "שוכח" לתת ליכולת הקשב הוראה להתרכז בדברי המורה. וכך, במקום להיות עסוק בשיעור, הוא חושב על המון דברים אחרים. בעיה.

קושי בתפקודים ניהוליים יבוא לידי ביטוי במעגלים רחבים בחיים, בהם מעגל התפקוד והלמידה, המעגל הרגשי, מעגל המצבים החברתיים ומעגל מערכות היחסים.

במהלך ההתבגרות חלק מהילדים מוצאים לעצמם דרכים להתגבר או לפצות על קשיים בתפקודים ניהוליים בעקבות הדרכה טובה והתנסות. עם זאת,

רוב הילדים עם הפרעת קשב ולקויות למידה צריכים עזרה ותמיכה כדי שיוכלו
לפתח את אותם תפקודים ניהוליים החסרים להם.

החדשות הטובות: אפשר בהחלט לסייע לילדים לפתח ולשפר את
התפקודים הניהוליים. ליווי מקצועי, מעורבות הורית ושיתוף פעולה עם הצוות
בבית הספר יוכלו לעשות שינוי משמעותי.

כיוון שלכל ילד מסלול התפתחות שונה ולכל ילד פרופיל ייחודי של
תפקודים ניהוליים, יש צורך ליצור תוכנית אישית, מותאמת לילד, כדי לתת מענה
לצורך הספציפי שלו.

•

האם תמיד יש ליקויים בתפקודים ניהוליים בהפרעת קשב? לא בהכרח, אך
מחקרים מראים שכ-90% מהמאובחנים עם הפרעת קשב סובלים גם מליקויים
בתפקודים ניהוליים. מדובר באחוזים גבוהים משמעותית מאלו שבאוכלוסייה
הכללית.

משמעות הדבר היא, שלילד שאובחן עם הפרעת קשב, יש סיכוי גבוה למדי
שיהיו לו ליקויים בחלק מהתפקודים הניהוליים. חשוב לתת על כך את הדעת,
כדי שאפשר יהיה לסייע לילד בהתמודדויות העומדות בפניו. אבחון נכון של
קשיים בתפקודים ניהוליים אינו פשוט ודורש איסוף של נתונים ובחינה של בעלי
מקצוע שונים.

חשוב לזכור ששיפור בתפקודים ניהוליים מתרחש באופן תהליכי ומתפתח,
ושונה מאדם לאדם.

תפקודים ניהוליים ומוטיבציה

האם אתם תופסים את ילדיכם כעצלנים, אפאטיים או עקשנים? לרוב אלה אינם פני הדברים. מה שאתם רואים הוא תוצאה של קשיים מצטברים שמשפיעים על המוטיבציה.

מוטיבציה היא אחד המרכיבים בתפקודים ניהוליים, ומכאן שחוסר מוטיבציה עשוי להצביע על תפקודים ניהוליים לקויים. אספקטים שונים בתפקודים ניהוליים, כמו רגש, קשב והתנהגות, מתפתחים במקביל ומשפיעים זה על זה. ייתכן שיהיה קושי להפריד אותם ולהבדיל ביניהם אצל ילדים עם תפקודים ניהוליים לקויים.

תפקודים ניהוליים והתנהגות

כולנו מדברים ומתנהגים באופן אימפולסיבי מדי פעם. מי לא מצא את עצמו מתנצל על שנהג כפי שנהג? בכל פעם שאתם מיישמים את "סוף מעשה במחשבה תחילה", כלומר – שוקלים מה יהיו ההשלכות של פעולה שלכם לפני שאתם עושים אותה, או מתאפקים ולא מעירים אלא בזמן הראוי לכך, אתם מאמנים תפקוד ניהולי חשוב: היכולת לבקר את הדחפים שלכם ולשלוט בהם.

יכולת זו עשויה להיות אתגר עצום לילדים ולמתבגרים המתקשים בתפקודים ניהוליים, ובייחוד עבור אלו עם הפרעת קשב. ילדים חסרי שליטה בדחפים מתקשים לבקר את דיבורם ואת התנהגותם. הם מתקשים לעצור ולחשוב. יש להם בעיה לנהוג על פי כללים והנחיות ולשבת בשקט בכיתה. נראה כי הם מדברים ללא הרף ומפריעים לאחרים.

ילדים אלו לא למדו לשאול את עצמם שאלות כמו, "מה מתרחש כאן בעצם?", "מתי זה קרה לי בעבר ומה עשיתי?", "במקרה שאגיד כך או אעשה אחרת, האם אשפר את מצבי או אחמיר אותו?"

•

מאחר שלילדים רבים עם הפרעת קשב ולקויות למידה יש קושי בתפקודים ניהוליים, חלקם נוטים גם לקשיים רגשיים והתנהגותיים. ילדים אלו עלולים להיחשב ל"עושי צרות"; הם מגיבים בהגזמה לכל אירוע, לטוב או לרע, אימפולסיביים ונוטים להתקפי זעם, אינם מגיבים טוב לשינויים, ובאופן כללי נראה כי הם מתקשים לשלוט ברגשותיהם.

לילדים אלו ייתכן שחסרות מיומנויות ניהוליות הקשורות בהתפתחות חברתית ורגשית, כולל שליטה בדחפים, שליטה ברגשות, גמישות וניטור עצמי. עלינו לחפש דרכים לסייע לאותם ילדים בשיפור מיומנויות התפקודים הניהוליים. נזכיר שוב: התפתחות המיומנויות הניהוליות היא הדרגתית ואינה אוטומטית.

שליטה בדחפים וברגשות

שליטה רגשית פירושה: היכולת לנהל את הרגשות שלנו כך שלא ישלטו בחיינו. יכולת זו קשורה ליכולת השליטה בדחפים. לדוגמה, נניח שילדכם לא הוזמן למסיבת יום הולדת של חברה לכיתה, או שהוא עומד להפסיד במשחק. איך הוא ירגיש?

תחושות נורמליות למצבים כאלה הן אכזבה, תסכול וכעס. עם זאת, תגובות כמו התפרצות, התקף זעם, שתיקה והתכנסות עצמית אינן הולמות את האירוע ויכולות להעיד על קושי בשליטה בדחפים וברגשות.

היכולת לשלוט בדחפים וברגשות כך שלא יתפרצו באופן לא מותאם (או חמור יותר) היא חלק משמעותי בתפקוד ניהולי תקין ומסייעת בסיטואציות בינאישיות שונות.

לילדים שמתקשים בשליטה רגשית יש סף תסכול נמוך, והם עשויים להגיב בהגזמה במצבים אשר לא ישפיעו כלל על ילדים אחרים. ללא יכולת מפותחת של שליטה רגשית, תגובות היתר של ילדים אלו עשויות להחמיר במהירות ולהוביל לזעם מוגבר, בכי או התכנסות מוגזמת. גם שמחה עשויה להשפיע על ילדים אלו באופן שונה ולהוביל לסחרור או השתטות מופרזים.

הנה דוגמה ליום אופייני של ילד עם קשיים בתפקודים ניהוליים:

07:00 בבית. שמר מתעורר ומתארגן בעצלתיים. הוא עובר על הרשימה שאימו הכינה לו כדי לעזור לו לזכור איזה ציוד הוא צריך לקחת היום לבית הספר. אבל נעשה מאוחר מדי, והוא צריך לצאת. הוא יוצא... ואז הוא נזכר ששכח משהו! אה, הנעליים למשחק הכדורגל. הוא רץ מהר חזרה הביתה לקחת אותן... לוקח את הנעליים ומשאיר את הילקוט במטבח. [התפקוד הניהולי: ארגון]

11:00 בכיתה. המורה כותבת רשימת מילים על הלוח ושואלת, "כיצד הסיפור שקראנו אתמול קשור לרשימה שעל הלוח?" הילדים מצביעים... חוץ משמר. שמר מתכווץ. במוח שלו רצות מחשבות, "אני לא יודע על מה היא מדברת... לא זוכר בכלל את הסיפור מאתמול..." [התפקוד הניהולי: זיכרון עבודה]

13:00 בהפסקה. החלק הטוב ביום. הילדים משחקים, שמר מדבר "אוטוסטרדה", קופץ בלי מנוחה, ולחבריו לכיתה אין סבלנות אליו. [התפקוד ניהולי: ניטור עצמי ושליטה בדחף]

15:00 במגרש הכדורגל. הילדים מוסרים כדור לשמר, ושמר יודע שבכדורגל עושים דבר אחד – בועטים בכדור הכי חזק שאפשר! אבל לאן? הוא לא יכול לזכור בדיוק, אז הוא פשוט בועט. אוהו! שמר בעט את הכדור היישר לשער של הקבוצה שלו. [התפקוד הניהולי: גמישות וזיכרון עבודה]

19:00 בזמן ארוחת הערב. לשמר יש תפקיד: לערוך את השולחן. הוא מאמץ את מוחו ומנסה להיזכר מה מניחים היכן. שמר חושב שהפעם סידר נכון, אבל אחותו הקטנה מזכירה לו שסידר לא נכון. איך היא מעזה! הוא מתפרץ עליה בצעקות. [התפקוד הניהולי: ארגון ושליטה ברגשות]

20:00 בבית. שמר נזכר בשיעורי הבית. אבל אוי, היכן להתחיל? שמר יודע שעליו להכין כמה עבודות, אבל הוא לא זוכר מה בדיוק הנושאים לעבודות ואיזו עבודה אמורה להיות מוכנה למחר. מוצף ומותש הוא נוטש הכול. [התפקוד הניהולי: התחלת משימות]

איתור וזיהוי של הבעיה

כיצד מזהים קשיים בתפקודים ניהוליים?

לאנשי מקצוע יש כמה מבחנים רשמיים שעל פיהם הם יכולים להעריך מוטיבציה, אך עבור ההורה עדיין לא פותחו מספיק שיטות פורמליות שיסייעו לאיתור הגורמים לבעיות אצל הילד.

כדי לפענח את הסיבות שבגינן ילדכם מתקשה להתחיל משימות או נכנע עוד לפני שהתחיל – עליכם לבצע מעט עבודת בילוש. לפניכם שלוש שאלות וגישות שתוכלו לנסות:

האם ילדכם פשוט אינו מבין מה אתם מבקשים ממנו לעשות? כדי לברר אם הילד הבין את בקשתכם, בקשו ממנו שיחזור על ההנחיות שלכם כפי שהוא הבין אותן. כך תוכלו לדעת אם המסר שלכם הועבר והובן.

האם ילדכם יודע מה עליו לעשות, אך אינו יודע כיצד עליו לעשות זאת? לדוגמה, אינו יודע מה עליו לעשות תחילה ומה לאחר מכן, או כיצד שלבים אלו משתלבים. נסו לבחון מה קורה כאשר אתם "מפרקים" את ההנחיה ואומרים לילד מראש, "תחילה עליך לעשות דבר מסוים, ואחר כך את הדבר הבא".

האם ילדכם נעשה מתוסכל ומאבד מוטיבציה בקלות? זה קורה משום שאותו חלק במוח שאחראי על ויסות רגשי משפיע על המוטיבציה וגם על תפקודים ניהוליים נוספים.

סימנים וסימפטומים

אמצעי נוסף לזיהוי של קשיים בתפקודים ניהוליים הוא איתור של סימנים וסימפטומים אופייניים, כפי שמפורט ברשימה הבאה. חשוב לי לומר שאין להסתמך על הרשימה כדי לאבחן או לזהות בעיה ספציפית. ההמלצה שלי היא להשתמש ברשימה לתצפית וכאמצעי לפיתוח שיח עם צוות בית הספר ואנשי המקצוע.

- **תכנון משימות.** קושי בזיהוי משימה וכיצד להתחיל בה.
- **התחלת פעולות.** קושי בתחילת ביצוע משימות, התנהגות שיכולה להיראות כדחיינות.
- **תפיסת זמן לקויה.** קושי בהערכת הזמן הנדרש להשלמת פרויקט.
- **זיכרון עבודה.** קושי בשינון ובשליפת מידע מהזיכרון לשם השלמת משימה. ילדים עם זיכרון עבודה חלש אינם מסוגלים לזכור וליישם מידע חיוני לשם התקדמות לשלב הבא במשימה. ילדים אלו מהססים כשהמשימה דורשת שיזכרו סדרת הנחיות, הגיית רעיונות כתגובה להנחיות וביטוי הרעיונות שלהם. המידע כאילו אינו "נשאר" אצלם.
- **תזכורות.** הילד זקוק להרבה תזכורות כדי להתמיד במשימה.
- **קושי בקבלת החלטות.**
- **קושי בהבחנה בין עיקר לטפל.** התרכזות בפרטים או בתמונה הכוללת, זה על חשבון זה.
- **שכחנות.** הילד נוטה לשכוח ציוד בבית או בבית הספר, שוכח להגיש עבודות, גם אם הוא סיים לכתוב אותן.
- **חוסר בקרה ובדיקה עצמית.** מדובר ביכולת לבדוק עצמאית את הביצועים האישיים ולהעריך אותם. ילדים המתקשים להפעיל תהליכי בקרה עצמית עשויים לא להבחין בטעויות שלהם, לא לעקוב אחר ההנחיות – עד שמישהו חיצוני יפנה את תשומת ליבם. ילדים אלו נוטים להעריך לא נכון את מאמציהם, ולעיתים קרובות מופתעים לגמרי מהציון שהם קיבלו במבחן.
- **קושי לעקוב אחר הנחיות מרובות שלבים, שדורשות תכנון ותעדוף.** מדובר ביכולת לפרק משימות לשלבים ולהחליט במה להתמקד. ילדים עם הפרעת קשב מתקשים לתכנן ולקבוע סדרי עדיפות במשימות מורכבות. הם מתקשים לחשב את הצעדים הנדרשים להשגת מטרתם ונוטים להעריך לא נכון את משך הזמן הנדרש לסיום המשימה.

- **חוסר גמישות.** לעיתים קיים קושי לעבור מפעילות אחת לאחרת (במיוחד כאשר הכללים או המשימה דורשים שינוי). מדובר ביכולת להתאים את עצמך או את התוכניות שלך למצבים משתנים. ילדים עם הפרעת קשב נוטים לפעול באופן לא גמיש ומתקשים לתפקד אם השגרה המוכרת מופרת.

- **אי-שליטה בדחפים.** דיבור או פעולה ללא מחשבה תחילה. שליטה בדחפים פירושה יכולת לעצור ולחשוב לפני פעולה. עבור ילדים רבים עם הפרעת קשב מדובר בקושי מרכזי. לעיתים קרובות ילדים אלו אומרים דברים או מבצעים פעולות בלי יכולת לעצור רגע לפני ולחשוב תחילה על התוצאות. הם אינם שוקלים בדעתם מהו הדבר הנכון לומר או לעשות. לרוב הם עושים – ורק אחר כך חושבים איך "לצאת מהעניין".

- **חוסר שליטה ברגש והידרדרות מהירה וקלה לתסכול.** בדרך כלל, ילדים שאינם מסוגלים לנהל את רגשותיהם מתקשים לקבל ביקורת. כשמתרחשים דברים שמרגיזים אותם, הם מתקשים להמשיך הלאה – עד שהם נרגעים. לעיתים הם מגדירים מצבים כ"לא הוגנים" ומגזימים בתגובתם לאירועים כמו אובדן משחק או נזיפה בכיתה.

סיוע בפיתוח תפקודים ניהוליים

כיצד נוכל לסייע לילד בפיתוח התפקודים הניהוליים? זה באמת לא קל,
אבל אפשרי בהחלט. הנה כמה עקרונות עבודה שיכולים לסייע:

- **סדר יום קבוע.** סדר יום מסודר וקבוע (הכנה של שיעורי הבית, משחק
  במחשב, צפייה בטלוויזיה, התארגנות לשינה וכו') יכול לפתח הרגלים
  של תכנון וסדר. כמו כן הדבר עשוי להקל בקשיים בוויסות, כיוון שרוב
  הדברים צפויים וידועים מראש.

- **חלוקה לתתי-משימות.** פעולת פירוק המטלות למשימות קטנות תאפשר
  לילד "לראות את האור בקצה המנהרה", וכך להצליח לגייס כוחות
  ביתר קלות.

- **שימוש בעזרים חזותיים.** חשוב ללוות כל הוראה שנאמרת בעל פה
  בהוראה בכתב, ולהוסיף הנחיות ויזואליות ברורות. לדוגמה, לתלות
  על הארון בחדר דף שעליו כתוב סדר הפעולות של ההתארגנות בבוקר.
  ציורים יעבדו מצוין עבור ילדים קטנים, או עבור ילדים שמתקשים
  בקריאה.

- **מודעות ואימון.** פעמים רבות ילדים עם קשיי קשב אינם שמים לב
  לדפוס העבודה שלהם, כיוון שזהו הדפוס הטבעי עבורם. כאשר ילד
  מצליח להיות מודע לדפוס הפעולה שלו, הוא יהיה מסוגל גם לחולל
  שינוי. פיתוח המודעות יכול להגיע באמצעות אימון. תהליך זה נכון
  לא רק לילדים, שכן אימון אפקטיבי מאפשר למתאמן (בלי קשר לגיל)
  לראות את דפוס העבודה הדומיננטי שלו, ונותן לו הזדמנות להתאמן
  על דפוסי עבודה יעילים יותר.

תיווך בעזרת שאלות מסייעות

מגיל צעיר מאוד הייתי סקרן. שאלתי שאלות על כל דבר וזה די סיבך אותי.
זה עצבן את מוריי, הוריי וחבריי. עד היום אני רוצה לדעת הכול, כאן ועכשיו.
לשמחתי, עם השנים למדתי כיצד להשיג את מבוקשי בצורה אחרת.

באופן אירוני למדי, סקרנותי ורצוני לשאול שאלות הפכו להיות חלק בלתי
נפרד מהההתמודדות שלי. **למדתי שיש שאלות שכשאני משתמש בהן בזמן – הן**
מועילות לי בהתמודדות עם הפרעת הקשב.

ייתכן שטכניקת השאלות הזאת תוכל להועיל גם לילד שלכם. מדובר
בשאלות פשוטות וקלות. יישום של טכניקת השאלות יכול לעזור לכל אחד – לא
רק לילדים עם הפרעת קשב – לקבל החלטות הקשורות בהתנהלות היומיות.

"האם באמת יש צורך בזה?"

כמו אנשים רבים עם הפרעת קשב, בכל פעם שאני יוצא לקניות בסופר או
משוטט בקניון אני רוצה לקנות הכול. ועכשיו, כמובן. לכן אני משתדל לשאול
את עצמי, "האם אני באמת זקוק לפריט הזה? האם לא אסתדר בלעדיו?" בכל
פעם ששאלתי את השאלות האלה חסכתי לעצמי הוצאה מיותרת.

"האם זה מה שאני אמור לעשות עכשיו?"

יש לי נטייה לעסוק במה שמעניין אותי – ולא בהכרח במה שעליי לעסוק
ברגע נתון. זו נטייה משותפת להרבה מאוד אנשים וילדים עם הפרעת קשב.

כאשר אני בודק עם עצמי אם זהו הדבר שבו אני אמור לעסוק כעת – אני עוזר
לעצמי להימנע מדחיינות ומאי-עמידה בזמנים.

"מי אני רוצה להיות עכשיו?"

כאחד שהפתיל שלו קצר – אני מודע לסכנה שבכך. כדי למנוע מעצמי
התפרצויות לא רצויות, אני משתדל לשאול את עצמי, רגע לפני הפיצוץ, "מי אני
רוצה להיות עכשיו? האם אני רוצה להיות הילד הקטן שלא מסוגל להתאפק, או
האדם הבוגר שבוחר לשלוט בעצמו?"

"מה יהיו התוצאות העתידיות של מה שאני עושה עכשיו?"

זו שאלה שאני מתקשה לעסוק בה בזמן אמת. הדבר דורש ממני לעבד מידע
בזמן ביצוע הפעולה – וזה מכשול לא פשוט. עם זאת, זו מיומנות שאפשר לאמן
ולשפר. בכל פעם שאני עוצר ושואל את עצמי שאלה זו – אני מרוויח.

"האם זה באמת חשוב עכשיו?"

רגע לפני שעליי לצאת מהבית לפגישה, עולה בי רצון לבדוק מיילים, או
לעשות משהו אחר – ואז אני מאחר. כשאני מצליח לשאול את עצמי אם הדבר
שמתחשק לי לעשות באמת חשוב כרגע – אני מציל את עצמי מעצמי.

"האם הוא באמת נגדי?"

כמאותגר קשב, רמת הרגישות שלי גורמת לי פעמים רבות להסיק מסקנות
לא נכונות. דברים שוליים, כמו מבט לא מובן או אמירה לא ברורה, יכולים
להתפרש אצלי כביקורת שלילית, ולגרור ממני תגובות לא מותאמות. כשאני

מצליח לעצור את קפיצת האדרנלין ולשאול את עצמי אם אני בטוח שלאותו אדם יש משהו נגדי – אני מצליח להסיק שככל הנראה – לא.

"מה האחרים היו עושים?"

כבר בגיל צעיר – כך אני זוכר – גרמתי למבוכה חברתית במקרים שבהם אמרתי משהו לא במקום או לא בזמן הנכונים. עם השנים גיליתי שאם אני מנסה לחשוב מה אנשים אחרים היו עושים או אומרים, אני מונע מעצמי מבוכה. דרך שאלה זו אני מונע מהאימפולסיביות המילולית שלי להתפרץ ולהביך אותי. באופן עקרוני, דרך זו טובה לשיפור מיומנויות.

לקויות למידה

פעמים רבות כורכים יחד הפרעת קשב ולקויות למידה. המונחים כה צמודים, שאנשים רבים חושבים שמדובר באותו דבר, או בכמעט אותו דבר. לא כך הדבר.

ההגדרות

"לקויות למידה" הוא מונח כללי שמתייחס לקבוצת הפרעות הטרוגנית המתבטאת בקשיים משמעותיים ברכישת מיומנויות למידה בסיסיות ובשימוש בהן. מדובר במיומנויות של הקשבה, דיבור, קריאה, כתיבה, המשגה ויכולות מתמטיות. ההפרעות האלה, כך מניחים, נובעות מדיספונקציה נוירולוגית מרכזית, ויכולות להופיע לאורך מעגל החיים.

חשוב לדעת: לילדים עם לקויות למידה יכולים להיות תנאים מגבילים נוספים כמו פגיעה חושית, פיגור שכלי, הפרעה רגשית וחברתית, או הגבלות הנובעות מהבדלים תרבותיים, הוראה לא מספיקה או לא מתאימה. עם זאת, לקויות למידה אינן תוצאה ישירה של תנאים אלו.[10]

לפי הספר DSM-5[11], לקויות למידה הן הפרעות נוירו-התפתחותיות, שלהן בסיס ביולוגי והשלכות קוגניטיביות. הן מתבטאות ביכולת המוח לתפקד ביעילות ובדייקנות בפעילויות קוגניטיביות, כגון תפיסה, עיבוד מידע מילולי ולא מילולי. ההפרעה הזו מתמשכת ופוגעת בתפקודי למידה כגון קריאה, הבנת

[10] National Joint Committee on LD, 1994

[11] ספר האבחנות הפסיכיאטריות האמריקאי.

הנקרא, הבעה בכתב, כתיב, חישובים מתמטיים והיגיון מתמטי.

לפי DSM-5, נדרשים ארבעה קריטריונים לקביעת אבחנה של הפרעת למידה ספציפית:

א. קשיים בלמידה ובשימוש במיומנויות אקדמיות (חוסר דיוק או איטיות בקריאת מילים, קושי בהבנת הנקרא, קשיים באיות, קשיים בהבעה בכתב, קשיים בשליטה במושג "המספר", בעובדות מספריות ובחישובים וקשיים בהסקה מתמטית) הנמשכים שישה חודשים לפחות, למרות התערבות ממוקדת.

ב. המיומנויות האקדמיות נמוכות באופן מהותי וכמותי מהמצופה בהתאם לגיל הכרונולוגי של הפרט, וגורמות להפרעה משמעותית בתפקוד האקדמי או התעסוקתי או בפעילויות יומיומיות.

ג. קשיי הלמידה מתחילים בשנות הלימודים בבית הספר, אך ייתכן שמלוא היקפם לא יבוא לידי ביטוי עד למפגש עם דרישות לכישורים אקדמיים, שעולים על המשאבים המוגבלים של היחיד.

ד. גורמים שיש לשלול כאחראים לקשיי למידה: לקויות אינטלקטואליות, איחור התפתחותי כללי, הפרעות רגשיות או נוירולוגיות, היעדר מיומנות בשפת הלמידה או הוראה לא מספקת.

על פי DSM-5 נדרשת עמידה בכל הקריטריונים הללו, בהתבסס על סינתזה קלינית של היסטוריה אישית (התפתחותית, רפואית, משפחתית וחינוכית), דוחות חינוכיים והערכה פסיכולוגית חינוכית. יש לציין מהי מידת החומרה על פי דרגות החומרה של ההפרעה המצוינות במדריך: קלה, בינונית או חמורה. ייתכנו שינויים ברמת התפקוד בתהליך ההתפתחות.

על פי ההגדרה החדשה, לא נדרש פער בין IQ ובין הישגים לימודיים כתנאי לקביעת לקויות למידה, אך יש לשלול לקויות אינטלקטואליות. הגדרה זו מאפשרת לאבחן לקויות למידה מגיל בית הספר (כלומר: לפני שנעשו מבחני IQ ונרשמו הישגים לימודיים לאורך זמן), ושמה דגש על חשיבות ההתערבות

הטיפולית טרם קביעת האבחנה. דרגות החומרה של ההפרעה מאפשרות התייחסות דיפרנציאלית לתלמידים והתאמה של דרכי הוראה, תנאי למידה והתאמות במבחנים.

במילים פשוטות יותר, לקויות למידה – כשמן כן הן. מדובר בקשיים שמפריעים ליחיד להביא לידי ביטוי את יכולותיו הלימודיות. מה הסיבה לכך? עדיין לא ברור לגמרי, אבל אנחנו יודעים שיש קשר לתורשה בשיעור של 40%-60%. למעשה, במחקר גנטי זוהו יותר מעשרים גנים הקשורים ללקויות למידה. נמצא גם קשר בין לקויות למידה ובין שונות במבנה המוח ובתפקודו, הפרעות וסיבוכים במהלך ההיריון או הלידה, תאונות ומחלות במהלך החיים (אירוע מוחי, חבלות ראש ועוד).

אבחון לקויות למידה

לפני שנסביר כיצד מאבחנים לקויות למידה, חשוב לעשות הבחנה בין לקויות למידה להפרעת קשב. אלו שני תחומים נפרדים. כפי שאמרנו קודם, לעיתים קרובות שתי התופעות ידורו בכפיפה אחת, אבל זה ממש לא מחויב המציאות, ובכלל – כל קושי מצריך התייחסות נפרדת.

לפני שבכלל נחשוד שיש לקויות למידה, עלינו להתחשב בגיל הילד ובעזרה שקיבל עד כה. לדוגמה, ילד שהתחיל כיתה א' ומתקשה ברכישת הקריאה אינו בהכרח עם לקויות למידה. ייתכן שהוא פשוט זקוק לעזרה.

למה הילד צריך עזרה? יכולות להיות לכך מגוון סיבות: שיטת הוראה לא מתאימה, בשלות מאוחרת ועוד. חשוב להבין שלא כל מצב של קושי הוא תוצאה של לקויות למידה, ולכן, לפני שאנו ממהרים לפנות לאבחון, צריך פשוט לעזור לילד, לנסות שיטות למידה שונות ולקדם אותו באופן המותאם לו ולצרכיו.

בואו נזכור, על פי ההגדרה של "לקויות למידה", חייבים להתקיים שני תנאים משמעותיים: האחד – פער של לפחות שנתיים בין הגיל הכרונולוגי ובין הגיל התפקודי של הילד, והשני – במשך אותן שנתיים הילד קיבל סיוע.

במילים אחרות: אין שום סיבה וטעם לחשוב על אבחון לפני סוף כיתה ב׳. כל מחשבה ודיבור על אבחון לפני מועד זה נובעים מחוסר הבנה של מהות לקויות הלמידה, וגורמים עוול לילד.

לאחר שהבהרנו את העניין החשוב הזה, נמשיך הלאה – לאבחון עצמו, הנקרא ״אבחון דידקטי״. מדובר בתהליך המאפשר להעריך כישורי למידה בסיסיים: קריאה, הבנת הנקרא, כתיבה, הבעה בכתב ובע״פ, יכולת התארגנות ואסטרטגיות למידה שבהן הילד משתמש. באבחון דידקטי נבדקים המנגנונים הקוגניטיביים (תפקוד שפתי, תפיסה חזותית ושמיעתית, זיכרון, קשב ועוד).

האבחון הדידקטי מאפשר לאתר את העוצמות והקשיים של הלומד ואת סגנון הלמידה שלו. הוא מאתר מנגנוני בסיס לקויים, ומסווג את לקויות למידה לשלושה סוגים, חלקם מוכרים לכם – וחלקם פחות:

- לקות בקריאה – דיסלקציה
- לקות בכתיבה – דיסגרפיה
- לקות בחשבון – דיסקלקוליה

המלצות האבחון הדידקטי

חשוב לדעת כי האבחון אינו משמש רק כלי אבחוני, אלא גם בסיס לטיפול ולהוראה. הוא מציע שלושה סוגי המלצות שילוו את הילד בדרכו. ראשית, המלצות להורים בדבר בדיקות נוספות או אבחונים נוספים הנדרשים כדי לקבל תמונה מלאה של מצבו של הילד (בדיקת מיקוד ראייה, בדיקת שמיעה, אבחון פסיכולוגי משלים ואבחון קשב). שנית, תוכנית עבודה והמלצות להוראה מתקנת ואסטרטגיות למידה (הן במסגרת בית הספר והן באופן פרטי) שיאפשרו לילד להגיע למיצוי יכולותיו. ולבסוף – המלצות לצוות החינוכי בבית הספר בכל הנוגע להתאמות במבחנים (תוספת זמן, התעלמות משגיאות כתיב, הקראת שאלון, מילונית במבחנים באנגלית וכדומה).

האבחון הפסיכו-דידקטי

אבחון פסיכו-דידקטי הוא אבחון המשלב בין אבחון דידקטי ובין אבחון פסיכולוגי.

מהו אבחון פסיכולוגי? מדובר בתהליך הערכה מקיף, יסודי ומעמיק, שמטרתו ליצור תמונה כוללת, עדכנית ואישית, המתארת את האדם המאובחן ביחס לנושאים רבים. למשל: פוטנציאל אינטלקטואלי, כוחות ויכולות, מוקדי קושי, חרדות, סגנון ההתקשרות עם הזולת ואיכות היחסים, קונפליקטים פנימיים, דרכי התמודדות עם קשיים וגורמים לא מודעים המשפיעים על התנהגותו, מחשבותיו ורגשותיו של האדם.

האבחון הפסיכולוגי נותן מענה לשתי שאלות מרכזיות. האחת נוגעת ליכולות של הילד (דרך סדרת מבחני אינטליגנציה), והשנייה נוגעת למצבו הרגשי-נפשי.

כדי לקבל תמונה מלאה ורחבה, נכון לעשות אבחון פסיכו-דידקטי. מצד שני, אם מטרת האבחון היא התאמות (ברמה 3) במבחנים – אז אין שום טעם לעשות אותו לפני חטיבת הביניים, וגם אז רק אחרי מתן עזרה אפקטיבית.

בכל מקרה – אין שום סיבה לעשות אבחון פסיכו-דידקטי בבית הספר היסודי.

הוראה מתקנת

לרוב, הטיפול המוצע לילדים עם לקויות למידה הוא הוראה מתקנת. הצורך בה נובע מכך שלתלמיד יש קשיים לימודיים המונעים ממנו להתקדם בקצב של בני כיתתו, והוא חווה כישלונות הגורמים ליחס שלילי שלו לעצמו וללימודים.

הוראה מתקנת יעילה מבוססת על שילוב של שיקולים לימודיים, מצבו הכללי של התלמיד והתאמה ביניהם. תהליך של הוראה מתקנת כולל התמקדות בפיתוח מיומנות למידה, בדרכים לעקיפת הקשיים – בשילוב עידוד של התנהגות חיובית.

הוראה מתקנת צריכה להיות מותאמת אישית לכל תלמיד, לפי סגנון הלמידה שלו.

טיפול קוגניטיבי–תפקודי

לפי הגישה הקוגניטיבית (תפיסתית), פיתוח מיומנויות קוגניטיביות חשוב במיוחד כבסיס להצלחה בתפקוד בכלל ובלמידה בפרט. על כן, ככל שנתאמן על פיתוח תהליכי חשיבה ונחבר אותם לתפקודים – כך נוכל להביא לידי ביטוי את היכולות הטמונות בנו. היתרון של ההתערבות הקוגניטיבית טמון בעובדה שהיא מעין "טיפול שורש" יסודי.

תהליך התערבותי בנוי משני שלבים. השלב ראשון הוא תרגול המזכיר "חדר כושר למוח". למשל, אצל ילד עם קושי בזיכרון – מתרגלים את הזיכרון (ללא קשר לחומר לימוד) בתהליך מובנה הכולל פיתוח מודעות לדרך שבה הזיכרון פועל ומה על הילד לעשות כדי לזכור טוב יותר.

השלב השני כולל תהליך של תיווך ויישום של ה"שרירים" שאומנו. בשלב זה יומחש כיצד להפעיל את היכולות המתוגברות בשימוש בעולם התוכן הרלוונטי. מטרת התהליך היא להביא את הילד למצב שבו הוא יפעיל את המיומנות שנרכשה באופן מודע.

מעבר לכך, מלמדים את הילד יכולת של "העברה", כלומר, שימוש במיומנות מסוימת בעולם תוכן שונה. ככלל, תהליך התערבותי שאינו כולל העברה ויישום – מוגבל בהשפעתו. הסיבה: על פי רוב תהליך ההעברה והיישום אינו קורה באופן אוטומטי אלא מתוך מודעות.

●

ועכשיו, אחרי שעשיתם את כל תהליכי האבחון (של הפרעת קשב ולקויות למידה, אם צריך), אפשר להתחיל לטפל בבעיה עצמה.

חלק שלישי:

התנהלות
יומיומית בבית

הסברים, עצות וכלים,
הלכה למעשה

עשרת הדיברות
להורות משמעותית

הורות בכלל, והורות לילדים עם הפרעת קשב בפרט, היא משימה מאתגרת במיוחד. היא דורשת גמישות, רגישות, התמדה והרבה אורך רוח. מתוך ניסיון אישי ומקצועי, ליקטתי עשרה עקרונות חשובים ביותר להתמודדות חיובית ומעצימה:

1. שמרו על החוקים – והחוקים ישמרו עליכם

קבעו מבעוד מועד כללים ברורים להתנהגות המצופה מילדכם. כנסו את כל בני המשפחה והעבירו את הכללים באופן ברור, וגם את ההשלכות לאי-עמידה בהם. חשוב: גם ההורים זקוקים לכללים, המתורגמים פרקטית ל"עשה ואל תעשה".

2. תיאום ציפיות מונע אכזבות

הציפיות שלכם צריכות להיות מציאותיות. עליכם להכיר את המגבלות של ילדכם ושלכם ולא להעמיד רף ציפיות בלתי אפשרי. עדיף לעמוד בציפיות נמוכות יותר – מאשר לא לעמוד בציפיות גבוהות מדי.

3. בשעת משבר, משתדלים להירגע

אם ילדכם מתנהג באופן שאינו מקובל עליכם, הישארו רגועים – תנו לו הוראה ברורה להפסיק התנהגות זו וספרו לו לאיזו התנהגות אתם מצפים ממנו. למשל: "הפסיקו לריב, שחקו יפה אחד עם השני". שבחו את ילדכם אם הוא מפסיק. אם הוא לא מפסיק, עליו לשאת בהשלכות (שצריכות להיות ידועות לו מראש).

4. הדגמות ותיווך חוסכים את החיכוך

כשאתם באים ללמד את ילדכם מיומנות חדשה, ראשית כול הדגימו לו את
המיומנות בעצמכם. בנוסף, חלקו את המיומנות לשלבים ודברו על התהליך ועל
השינוי שאותה מיומנות תביא. אפשרו לכל בני הבית להתנסות באותה מיומנות,
דברו שוב על המיומנות ועל ההתנסות. חזרו על כך כמה פעמים.

5. חיזוקים חיובים הם מתכון מנצח

תנו לילדכם חיזוקים חיוביים כאשר הוא עושה משהו שביקשתם, אפילו
הפעוט ביותר. חיזוקים חיוביים גורמים להפנמת ההתנהגות הרצויה (וממילא
חיזוקים שליליים הוא כנראה מקבל בשפע).

זה חשוב, שכן כישלונות נחווים באופן חזק יותר רגשית מאשר ההצלחות.
ילדים יזכרו יותר את המקומות שבהם הם נכשלו, ולכן יש לחזק דווקא את
ההצלחות, כדי שאלו לא יישכחו.

6. שעמום הוא האויב

ילדכם אינו יודע ואינו מסוגל להתמודד עם שעמום. על פי רוב הוא גם לא
מצליח להעסיק את עצמו – ואז הוא פוצח במסכת הצקות לכם ולשאר בני הבית
("אימא, משעמם לי"). לכן כדאי לגוון את השגרה, לשלב פעילויות בבית ומחוץ
לבית, להציע אלטרנטיבות ולאפשר בחירה בין כמה אפשרויות.

7. יחס ועוד יחס

כאשר ילדכם פונה אליכם, השתדלו לתת לו את מרב תשומת הלב. עצרו את
עיסוקכם, הפנו אליו מבט והיו איתו. חשוב לקבוע זמני בילוי עם ילדיכם (עם כל
אחד מהם בנפרד). הקדישו זמנים אלו לפעילויות ששניכם נהנים מהן, והשתיקו
גורמים מפריעים כמו טלפון נייד ומסכים למיניהם.

8. מגע הוא צורך

חלק מהילדים זקוקים למגע פיזי יותר מאשר ילדים אחרים. מדובר בצורך חיובי בחיבוקים, התכרבלויות והחזקת ידיים. תנו להם! מגע כזה יוצר חיזוק רגשי ומעניק לילד ביטחון רגשי.

9. השיתוף עוזר

פתחו הרגל של שיח משתף. דברו עם ילדכם על נושאים שמעניינים אותו, ללא קשר למטלות השגרתיות. שתפו אותו גם בחוויות שלכם. במידה ובהתאם ליכולותיו של הילד להכיל זאת, שתפו גם בקשיים שעימם אתם מתמודדים.

10. תנו זמן ומקום גם לעצמכם

כהורה אני יודע שההתמודדות היומיומית מאתגרת וממלאת את כל היום. עם זאת, אתם חייבים לפנות זמן לעצמכם ולזוגיות שלכם כדי למלא את המצברים ולהמשיך הלאה. אמונה, השקעה והתמדה – יביאו לשינוי ולהצלחה.

כיצד נעורר מוטיבציה?

איך גורמים לילד לרצות? איך מעוררים בו מוטיבציה? כולנו מכירים משפטים כמו, ״חבל, יש לו יכולות ופוטנציאל, אבל הוא לא עושה עם זה כלום״, ״אנחנו מנסים הכול ושום דבר לא עוזר״, ״מה יהיה איתו בעתיד, איך יסתדר בצבא, בחיים?״

המשפטים האלה מאוד בעייתיים. פעמים רבות אותה שאלה חוזרת בגרסאות שונות ובטונים שונים, תמיד עם לא מעט תסכול ודאגה. אני מכיר את זה על בשרי. בילדותי היו אומרים לי כל הזמן, ״אתה חכם, אתה יכול, חבל שאתה מוותר, תפסיק להתעצל״. תמיד שתקתי, אך בתוכי בערתי.

״אני לא מאמין שאני יכול, לא מאמין!״ רציתי לצרוח.

ולמה לא האמנתי?

כי בכל פעם שניסיתי, ממש ניסיתי, נכשלתי. בכל פעם שהבטחתי לעצמי או לאחרים לעמוד במשימה כלשהי, במקרה הטוב הצלחתי לפרק זמן קצר, ואז שוב נכשלתי. לרוב לא עמדתי בהבטחות, אכזבתי את מי שציפה ממני לדברים, אבל את עצמי אכזבתי הרבה יותר. אז למה היה נדמה לאנשים שאני בכלל מעוניין לנסות שוב? איזו סיבה בעולם הייתה לי לרצות לנסות, אם מניסיוני תמיד התוצאה זהה ורעה?

ניסיונות העידוד והכנסת המוטיבציה, בדמות המשפטים כמו אלו שהזכרתי קודם, עשו בדיוק ההפך מלעודד.

•

עכשיו נשאלת השאלה – מה עושים?

1. הפרדה בין קשיים לתחושות

מניסיוני האישי והמקצועי, עלינו תחילה להפריד בין הכאב, התסכול והדאגה שלנו – ובין הנטייה לנוע בין רחמנות לכעס. עלינו לנסות לעשות הבחנה בין הקשיים האובייקטיביים ובין התחושה הסובייקטיבית של הילד.

זה שיש לילד הפרעת קשב, לא אומר שצריך לוותר לו תמיד ורק לגלות רחמנות. עלינו לעשות הפרדה בין התחושות שלנו ובין הציפיות האובייקטיביות ביחס למסוגלותו של הילד, ולא לוותר עליהן.

2. יצירת "מרחב הצלחות" להתקדמות

כדאי לבנות "מרחב ההצלחות" שבו יש דרישות מותאמות שעליהן לא מוותרים. במרחב הזה הילד יוכל להתקדם לאט לאט, ולבנות את תחושת המסוגלות שלו. המטרה שלנו היא להביא לכך שבסופו של דבר הילד יוכל להגיד, "כן אני יכול – כי הצלחתי בעבר" ולא "אני לא יכול כי נכשלתי בעבר".

3. הצלחות קטנות ורצופות

מתחילים בליצור "הצלחות קטנות", ולא חשוב עד כמה הן קטנות. מנסים בכל דרך ליצור חוויות הצלחה ולהעצימן. ואז, בכל פעם, לאתגר עוד קצת. אבל רק קצת. בייבי-סטפס. היעדים צריכים להיות קרובים, דברים שקורים כאן ועכשיו, ולא "שיחות על תעודות, על הבגרות, על סוף השנה ועל העתיד". מפרקים הכול למשימות קטנות ומטרות קצרות טווח, ובשיתוף פעולה עם הצוות החינוכי בבית הספר – בוחרים בכל פעם במה להתמקד.

4. הסתייעו ב״שמיעה סלקטיבית״

לא תמיד צריך ״לשמוע הכול״ ולהגיב לכל דבר. פעמים רבות הילד רוטן,
זורק הערות, מבטל את הצלחותיו ומנסה לתקוע לעצמו מקלות בגלגלים. מספיק
שהוא יעצבן אתכם, דווקא אחרי הצלחה (!) והופ, היא הופכת לכישלון – והילד
מרוצה, כי כישלון הוא אזור הנוחות שלו.

מדובר בעניין חשוב, שמחייב הבלטה – ולכן אסור לשחק לידיו של הילד.
אתם לא חייבים להגיב על כל מילה, אלא לזכור את המטרה הסופית: יצירת
תחושת מסוגלות, שהיא זו שתאפשר פיתוח איתן של מוטיבציה. עליכם להמשיך
בדרך החיזוק, לתמוך ולא לוותר.

●

כן, לא קלה היא דרכנו. היא רצופה מכשולים, אבל פירות ההצלחה טעימים
ומשמחים. כשנפעל מתוך אמונה בעצמנו ובילדינו – נזכה לחוות את ההצלחה.

כיצד נעזור לילדנו לנטרל את הזעם?

השילוב של אימפולסיביות וקושי בעיבוד מידע יוצר תסכול גדול אצל ילדים עם הפרעת קשב. לעיתים הם מתקשים לבטא במילים את הכעס שלהם, ובכך מתגברת הנטייה לאלימות. זו הדרך שלהם לתקשר, אין להם דרך אחרת.

ברור שאלימות אינה הפתרון המקובל לבטא תסכול, אבל עלינו ההורים מוטלת האחריות לפעול באופן שיסייע לילד ללמוד להקשיב לליבו ולהגיב תגובה מותאמת, שאינה אלימה.

הנה שש המלצות לפעולות מתאימות במצבים אלו:

1. סייעו לילד להבין מה אסור

פעמים רבות הכעסים וההתנהגויות הלא מותאמות מתחילים מ"משחק". פה נזרקת מילה, שם מתעוררת תגובה חזקה מדי, ובלי שאף אחד התכוון לכך – נוצרת הסלמה. מנגנוני הבקרה לא פועלים, הילדים מתקשים להביע את תסכולם במילים – ומשם המרחק לאלימות ולכעס בלתי נשלט קצר.

מה עלינו לעשות? להסביר היכן עובר הגבול בין משחק מקובל ומותר ובין התנהגות שאינה מקובלת. כדאי שנעזור לילד להבחין בהתנהגויות שמביאות למצבים המסתיימים בתסכול רב.

2. נקטו הקשבה רפלקטיבית (שיקוף התנהגות)

הן הורים והן אנשי חינוך צריכים להקשיב, ללמוד את הילדים ולהבין מה גורם להם לצאת משלוותם ואילו משפטים מעוררים בהם כעס. זה לא פשוט. כיצד אנחנו ההורים יכולים להבין את הילד שלנו ולתקשר איתו?

ההמלצה: אל תנסו לשנות את המחשבות שלו עם היגיון, הרגעה, או הרצאה.

הוא לא קשוב לזה כרגע, ויותר מכול הוא זקוק לידיעה שמישהו מבין אותו, מבין לליבו. נסו להיות איתו בהקשבה רפלקטיבית שמשקפת את ההתנהגות שלו.

טכניקת ההקשבה הרפלקטיבית מורכבת משני צעדים. ראשית, הקשיבו לילד ונסו להבין מה הוא מרגיש באותו הרגע. הצעד השני הוא לשקף לו במילים את מה שנראה לכם שהוא מרגיש.

לדוגמה: אתם מארחים כמה ילדים, והילד שלכם אינו מוכן לעזוב אתכם ולשחק עם חבריו. במקום לומר לו, ״אל תעמוד כאן, לך לשחק״, נסו לומר משהו כמו, ״נראה לי שאתה מעדיף לעמוד לידי ולא ללכת לשחק, כי אתה חושב שדני לא רוצה לשחק איתך. אולי תקרא לדני ותשאל אותו במה הוא רוצה לשחק?״

האזנת רפלקטיבית תעזור לילד להרגיש טוב יותר, ולכן הוא יתנהג טוב יותר.

3. שימו את הרגשות שלכם בהמתנה

כאשר אנו מנסים להתמודד עם ילדים כועסים, לעיתים קרובות אנו מתרגזים בעצמנו. יש לנו סיבות מוצדקות: הילד מתנהג בהתרסה או בחרדה, ואנחנו מתעצבנים כי ״אם הוא רק היה רוצה, הוא לא היה במצב רוח רע כל כך״.

הבעיה: הרגשות החזקים שלנו יכולים להעיב על החשיבה שלנו, ולהוביל גם אותנו להגיב אימפולסיבית. אם זה קורה, אנחנו לא ננצל את האינטראקציה החשובה הזו כדי לעזור לילדנו (והרי לשם כך התכנסנו, לא?), וחבל.

ההמלצה: שימו בצד, זמנית, את הרגשות והרצונות שלכם. קחו אוויר. לפני שאתם אומרים או עושים משהו, קודם כול – הרגיעו את עצמכם.

הנה הצעה לדמיון מודרך שעזרה להרבה הורים להשיג רגיעה: דמיינו את עצמכם חופנים את הכעס שלכם, את הדאגה, או את האכזבה בשתי הידיים – ושימו את הרגשות האלה בצד הרחוק של החדר. בדרך זו אתם לא ״מפקירים״ את הרגשות ולא מרמים את עצמכם. אתם יכולים לפעול בלעדיהם באופן זמני, ואם תרצו לחזור אליהם מאוחר יותר – הם עדיין יהיו שם ויחכו לכם.

4. הקשיבו לילדכם

הפסיקו את מה שאתם עושים, הביטו בילדכם והקשיבו. לפעמים הילדים הכועסים שלנו פתוחים איתנו ומדברים על תחושותיהם. קל להקשיב להם – אבל גם קל להיות מוסחים.

כדי להראות שאנחנו באמת מקשיבים, עלינו להסתכל על הילדים שלנו כשהם מדברים. עוזר מאוד גם לתת להם פידבק בעת שהם מדברים, באמצעות צלילים וביטויים כמו "הממם", "אה", "באמת", "אלוהים" וכו'. תגובות אלו ממחישות לילד שאנחנו מקשיבים לו ושאכפת לנו ממה שהוא מרגיש.

5. שימו לב לשפת הגוף

מה קורה אם הילד שלכם לא יודע להסביר מה לא בסדר? כדי למנוע מצב כזה, אתם צריכים "להקשיב" לשפת הגוף שלו. להבעות הפנים, ליציבה, למחוות שלו, וגם לנימת הקול.

למשל, אפשר לדעת שמשהו מציק לילד כאשר אתם שומעים נימה מרירה בקול שלו, או כאשר אתם מבחינים שהוא לא רוצה להסתכל לכם בעיניים. אלו רמזים עבורנו להפסיק את מה שאנחנו עושים – ולהקשיב לילד יותר טוב.

6. הראו לילד שאתם בצד שלו

תנו לילד הכועס שלכם להגשים את משאלותיו "בפנטזיה". ב"נניח" וב"כאילו". אסטרטגיה זו מבהירה לילדים שאנחנו "בצד שלהם".

לדוגמה, כשהבן שלי היה בן שמונה, אסרנו עליו לאכול את כל הממתקים שלו בבת אחת. היינו צריכים להתמודד עם הרגשות הנסערים והכועסים שלו על ההנחיה הזו.

מה עשיתי?

בקול ידידותי שאלתי אותו, "האם לא היה נהדר אילו ברוקולי היה רע בשבילך וסוכריות היו טובות בשבילך?"

פניו הכעוסות של הילד שלי התרככו. "כן, ואז אני אקבל הרבה סידן!"

איך נלמד את ילדנו לא לשקר?

שקרים, האמינו לכך או לא, הם חלק מהתפתחותו התקינה של הילד. הם גם שלב הכרחי בהתפתחות המוסר. כל הילדים משקרים מפעם לפעם, לרוב כדי להימנע מאי-נעימות או עונש – וילדים עם הפרעת קשב משקרים בשכיחות רבה. הסיבה: ההתנהגות האימפולסיבית שלהם גורמת להם לחשוב אחרי מעשה – ואז לחוש בושה ורצון להסתיר אתּ מה שקרה.

איך נוכל לעזור לילדנו לא לשקר? הנה כמה עצות:

1. התייחסו אל השקר כסימפטום

חשוב שתדעו: הנטייה לספר שקרים לא הופכת את ילדכם לבן אדם רע. היא גם לא עדות לאופי לא טוב. למעשה, זו תופעת לוואי של בעיית הקשב, ממש כמעט סימפטום נוסף של ההפרעה. מסיבה זו ילדכם זקוק להנחיה ולעזרה כיצד להתמודד עם הצורך לשקר.

דיברנו קודם על הצבת גבולות שאין לעבור אותם, אפשר בהחלט להחשיב את "אל תשקר" כאחד מאותם גבולות. אולם במקרה זה עדיף לנקוט משנה זהירות, כיוון שהשקר, כאמור, הוא סימפטום של ההפרעה.

2. הסבירו לילד מה יהיו ההשלכות

חלק מהילדים מספרים שקרים בגלל חוסר ביטחון עצמי. הם מאמינים שהסיפורים שהם ממציאים יכולים להעלות את הפופולאריות שלהם בקרב חבריהם. לכן צריך ללמד אותם שלספר שקרים מזיק להם יותר מאשר מועיל להם.

החסרונות של שקרים יכולים להיות מובנים מאליהם בשביל מבוגרים – אבל ילדים זקוקים להסברים ולתזכורות. הקדישו זמן לכך, תארו לילדכם מדוע השקר

יגרום לו יותר בעיות מאשר יתרום לו.

3. למדו את הילד לחכות

לעיתים קרובות אנשים (וילדים) משקרים מבהלה ומחיפזון. אין להם תשובה אמיתית מוכנה מראש, לכן הם ממציאים במהירות שקר שיכול לעזור להם להיחלץ ממבוכה. אצל ילדים עם הפרעת קשב הנטייה הזו מועצמת. במקום לחשוב על תשובה מתאימה ואמיתית, הם יענו במהירות תשובה שלרוב תהיה מוגזמת או שקרית.

מה עושים? למדו את ילדכם שהוא לא חייב לענות מהר על שאלות. אמרו לו לספור בשקט עד שלוש לפני שהוא עונה, ולנצל את הזמן הזה כדי לנסח תשובה אמיתית.

4. הישארו רגועים כשאתם שומעים את השקר

אם ילדכם אומר משהו שאתם יודעים בוודאות שאינו אמיתי, ספרו אתם עד שלוש – והישארו רגועים. הסיבה: תגובה שמלווה בכעס רק תגרום לילדכם להרגיש צורך לשקר עוד, במחשבה שהשקרים הנוספים יעזרו לו להתגונן בתוך הסיטואציה, ולכן הוא יעמיק את בור השקרים שהוא התחיל לחפור.

נכון, זה קשה, אך נסו לא לקחת את השקר באופן אישי, זה לא נגדכם.

5. תנו לילד צ׳אנס נוסף לענות

כשאתם תופסים את ילדכם משקר, תנו לו הזדמנות נוספת לענות בלי לספוג את ההשלכות השליליות של השקר. בדיוק כך: תנו לילדכם הזדמנות נוספת לשקול את התשובה שלו.

זה יכול להיות מייד או לאחר כמה שעות – ובכל מקרה זה ילמד את הילד לשקול את תשובתו ולהתמודד עם האימפולסיביות שעלולה להוביל אותו לשקר. למעשה, כך אתם מתחילים ליצור אצלו הרגל התנהגותי של ״לא לירות את הדבר הראשון שעולה לראש״.

6. עודדו כנות!

כשילד משקר כדי לחפות על טעויות או על התנהגות לא מתאימה, אנו מתפתים "לשלוף" מייד את התגובה שתעסוק בהשלכות, בעונש. נסו לנקוט דרך של חיזוק ועידוד – שכן אלו אפקטיביים יותר מענישה. השתדלו לשים לב לפעמים שבהן ילדכם התנהג בכנות, ועודדו אותו על כך.

7. הסבירו את השימוש בטקט

יחד עם כל האימון והלמידה על הנזק בשקרים, צריך להסביר שישנן אמירות חברתיות שאינן אמת מדויקת, אך הן עדיפות על הטחת האמת בפנים. בקיצור: טקט. לדוגמה, נסו לדמיין עם הילד סיטואציה שבה הוא מקבל מתנה שהוא לא אוהב. בסיטואציה כזו אמירת "שקר לבן" בסגנון "תודה על המתנה הנחמדה", תהיה מתאימה יותר מאמירה כנה כמו "אני לעולם לא אשחק במתנה שהבאת לי", בגלל שאנשים עלולים להיפגע מאמירה כזו.

•

השורה התחתונה: ברוב המקרים תגובות מותאמות ומלמדות יסייעו לילדכם להפנים את המסר, והשקרים יפחתו. עם זאת, אם אתם חשים שאין שינוי או שמתרחשת החמרה, מומלץ להיוועץ באיש מקצוע שיוכל לסייע לכם להתמודד עם המצב.

כיצד נלמד את ילדנו לבקש סליחה?

במשך הרבה שנים התעקשתי לא לבקש סליחה. חשבתי שאני צודק וזהו. זה כמובן גרר ויכוחים, כעסים ולא מעט עונשים. היום אני מבין שההתעקשות שלי לא נבעה מרצון לריב, מחוצפה או סתם עקשנות ילדותית. היא ביטאה חלק מהקושי שלי בעיבוד מידע ובניתוח מצבים.

הסבר קצר: כדי שאני אוכל להבין מה עשיתי, מה קרה לצד השני, מה נכון ולא נכון וכיצד פגעתי, עליי "להיכנס לנעליו של האחר". להזדהות איתו, להבין את הצד שלו, לנתח את תהליכי החשיבה שלו. זה תהליך מורכב לכל אחד — ובעיקר לילד עם הפרעת קשב.

חשוב לזכור שבזמן אירוע אנו מייד מוצפים רגשית ומנסים להתגונן כברירת מחדל. זה נכון על אחת כמה וכמה אצל ילדים עם הפרעת קשב. הם ממילא נמצאים רוב הזמן במגננה (כתוצאה ממעשיהם) ומתקשים לראות את התנהגותם הלא מותאמת. לילדים כאלה מצטרף קושי משמעותי נוסף: הם צריכים ללמוד לעשות זאת בזמן אמת, כשהכול עדיין מבעבע. משימה קשה מאוד.

כיצד נעזור לילד להבין מהי סליחה ולהתנצל? הנה כמה המלצות:

1. אפשרו לילד זמן עיכול לאירוע

ילד עם הפרעת קשב זקוק לזמן עיבוד, זמן לעכל ולהירגע. אסור ללחוץ עליו להגיב מיידית בהתנצלות, משום שזה יגרום לתגובה הפוכה.

2. העניקו תיווך וסיוע בניתוח האירוע

ילד עם הפרעת קשב מתקשה בניתוח אירועים מורכבים (בגלל קושי בתפקודים ניהוליים). לרוב הוא הודף אותנו בתשובות לא מותאמות. כדי לעזור לו, השתמשו בשאלות מנחות. שאלות כאלה יפרקו את האירוע ובעזרתן הילד יוכל להבין מה קרה ולהגיע בעצמו למסקנות מתאימות.

3. הרגעה והקניית תחושת ביטחון יעזרו להפחת הלחץ

ילדים עם הפרעת קשב נמצאים ברמת לחץ ומתח גבוהה, בעיקר כשאירוע קורה והם חשים "אשמים". עלינו להחליש את הלחץ הזה, ולכן יש לנהל את השיחה בשקט, ללא כעס. דברו לאט ושמרו על טון רגוע, גם אם הילד מגיב בהתנהגות לא מותאמת. תנו לו את התחושה שאתם שם בשבילו בכל מקרה, ללא קשר למה שקרה.

4. תרגלו אימון מסייע בזמן אמת

חשוב לדבר עם הילד על ההתפרצות. געו בסיבות להתפרצות, הדריכו אותו כיצד הוא יכול לזהות אותן, והסבירו לו מה הן האפשרויות האחרות העומדות בפניו, כדי שבעתיד הוא ידע להגיב כראוי.

5. שמשו דוגמה ובקשו גם אתם סליחה

כהורים, יש למעשינו השפעה אדירה על ילדנו. אם נתנצל בפניו על מעשה שעשינו (כשיש צורך, לפעמים יש) ההתנהגות הזו תשפיע עשרות מונים יותר מכל הסבר.

•

עכשיו תורי. כמאותגר קשב שמאתגר את הסביבה על בסיס קבוע, אני מבקש סליחה. ומכולכם אבקש רק דבר אחד: עוד קצת חמלה לילדים שלכם.

איך לסיים את ארוחת הערב עם חיוך?

כהורה לילדים עם הפרעת קשב, וכבוגר שבעצמו עם הפרעת קשב, אני נמצא במרוץ בלתי פוסק. הוא מתחיל השכם בבוקר ומסתיים רק בלילה, כשגולת הכותרת מגיעה בערב – כשכבר אין כוחות וסבלנות, אך עדיין יש ילדים. והם מותשים, רעבים וחסרי סבלנות. אז איך עוברים את ארוחת הערב ללא מלחמות והתמוטטות עצבים? הנה כמה המלצות.

1. החליטו יחד

בשביל להפחית תלונות בסגנון "לא טעים", "לא אוהבים", "אוף, מה הכנת?!", העבירו את ההחלטה למליאה. הכינו פתקים עם הצעות לשש מנות עיקריות ושש תוספות, וכל בן משפחה יבחר בפתק של מנה עיקרית ושל תוספת. כך ייבנה תפריט ארוחות שיהיה מקובל על כל המשפחה – ולאורך זמן. בכל תקופה אפשר לעשות בחירות מחדש ולרענן את התפריט.

2. קביעות גם במטבח

אם לארוחת הערב יהיה נושא, היא תתחיל להיות מעניינת, והחיים שלכם יהיו קלים יותר. מאוד פשוט לעשות את זה. אם כולם בבית יודעים שבימי שני אוכלים ארוחה חלבית, בימי שלישי נהנים מ"ערב פסטה" וכך שאר הימים – לא יהיו הפתעות מיותרות. כך לא תצטרכו לחשוב כל יום מחדש מה להכין וכמה זמן תימשך ההכנה. גם לילדים יש צורך בשגרה, ולכן כדאי שהם ידעו מה יהיה להם בצלחת בכל יום, יחכו לארוחה ויאהבו אותה.

3. מנצחים את השכחה

לאחר שנבנה התפריט, כתבו רשימת מצרכים עבור כל ארוחה ושימו אותה בתיק שלכם (או הכינו רשימה בטלפון הנייד שלכם). כך תוכלו לבדוק בסיום יום בעבודה אילו מצרכים נדרשים להכנה של ארוחת הערב – ואם יש צורך, עוצרים בדרך וקונים. כך מונעים "תקלות" של להגיע הביתה ולגלות שמשהו חסר.

4. הכינו את הטבחים לעתיד

הכנת ארוחת הערב יכולה להיות דרך לפעילות כיפית משותפת. אם ילדיכם אוהבים זאת, שתפו אותם בהכנת הארוחה. תנו להם תפקידים ומנו אותם לאחראים. כך תרוויחו שלוש פעמים: גם תפחיתו תלונות, גם תלמדו אותם תכנון ואחריות וגם תעשו משהו משותף וכיפי.

5. גאדג'טים במטבח מקלים את החיים

כדאי לשקול שימוש בכלים חכמים שיכולים להקל את הכנת הארוחה. למשל, סירים לבישול איטי, מכונה לאפיית לחם, תנורים עם מנגנון שמאפשר להכניס מצרכים לתא האפייה בבוקר ולהגיע בערב לארוחה מוכנה.

6. אתם לא לבד

גייסו והפעילו את הסביבה לעזרה, אם זה בן או בת הזוג, אם זו המטפלת, או כל גורם אחר שיכול להקל. נסו לקבוע מראש מי עושה מה ומתי. חלוקת הנטל הכרחית לכם ולבני משפחתכם.

כיצד נעבור את
חופשת הקיץ בשלום?

סוף סוף – יוצאים לחופשה!

כולנו מכירים את התחושה הזו: אנחנו מחכים בקוצר רוח לחופשה ומקווים
שהיא תהיה מהנה – ובפועל, מדובר במסע ארוך של התנהגויות לא תואמות, של
ויכוחים והאשמות. ומי אשם? בטח לא אתם או ילדכם.

חשוב לדעת ששבירת שגרה ושינוי של הסביבה יכולים להיות משמעותיים
מאוד עבור ילדים עם הפרעת קשב. מסיבה זו יש להיערך בהתאם ולתכנן את
החופשה באופן שיצמצם את חוסר הוודאות. נסו את ההמלצות הבאות:

1. הכינו לוח זמנים לחופשה

חופשה בלתי מאורגנת יכולה ליצור אצל ילד עם הפרעת קשב אתגר גדול
בתפקוד. קשה לו להתנהל בפרקי זמן ארוכים ולא מאורגנים. הוא לא יודע
להעסיק את עצמו, ואז הוא מתחיל להציק ולגרום לחוסר נוחות סביבו. כדי
להימנע מכך, תכננו מראש את כל הפעילויות שתעשו בחופשה.

2. עשו הכנה מנטלית

לא מספיק להכין תוכנית כללית לחופשה. חשוב בכל ערב לשוחח עם
הילדים על הפעילות המתוכננת ליום המחר. עם מי תהיו, לאן תלכו ומה מצופה
מהם. נסו לשער, ככל הניתן, מה חשוב שהילדים ידעו, ובכך תוכלו להפחית מתח
ואי-ודאות.

3. שמרו על כללים גם בחופשה

נכון, בחודשי הקיץ יש גמישות בכללים ואפשר להרשות התנהגות מעט אחרת משאר ימות השנה. עם זאת, אסור לוותר באופן גורף על כל הכללים שיוצרים שגרה של התנהלות משפחתית. חייבים להיות כללים שעליהם אין דיון ואין גמישות.

4. לא לשכוח, חיזוקים חיוביים!

הצורך בחיזוקים, בעידוד ובתמיכה לא יוצאים לחופשה. חשוב גם בקיץ לחזק ולתגמל את הילדים עבור התנהגויות חיוביות ולהעצימן.

5. לא לוותר על שעות שינה

בחופשה יש נטייה להישאר ערים עד מאוחר. זה בסדר כל עוד זה נעשה במידה. עם זאת, מאחר שחוסר בשעות שינה מעצים אי-שקט וחוסר ריכוז, יש לעמוד על כך שהשינה תהיה מספקת.

אצל ילדים מתבגרים יש נטייה להפוך את הלילה ליום ואת היום ללילה. חשוב לדעת ששינה ביום אינה איכותית ואינה דומה לשינה בלילה, ולכן אינה מועילה כמותה. נסו להקפיד על הרגלי שינה בסיסיים כדי לשמור על בריאות הגוף והנפש של ילדכם.

6. תנו לילד חופש גם... מכם

תכנון וארגון חופשת הקיץ חשוב, אך זכרו כי ילדכם זקוק לתחושה של חופש. אתם לא צריכים להיות "שוטרים" במהלך החופשה. תנו לו לבחור, ליצור ו"לעשות חיים" ללא התערבות שלכם. זו ההזדמנות שלכם להביע אמון בילדכם, שהוא מסוגל ויכול להסתדר בעצמו. גם כאן – אמונה, השקעה והתמדה מביאים לשינוי והצלחה.

כיצד נעזור לילדנו לחזור לשגרה?

החופשה הנעימה מסתיימת בעוד רגע. כולנו נצטרך להיכנס לשגרת חיי היומיום. נכון, זה קצת מעציב ולא נעים, כי אין כמו להיות עם המשפחה ולחגוג בכיף ובאווירה שמחה. אך אם נודה באמת, נשמח לחזור לשגרה.

לרובנו החזרה לשגרה אינה קלה, אך היא מתרחשת באופן טבעי. לילדים עם הפרעת קשב מדובר במשימה מאתגרת יותר. לכן על כולנו, הורים ומורים, להיערך ולבצע פעולות מודעות כדי להקל על הילדים את החזרה לשגרה.

חשוב לדעת שעבור ילדים עם הפרעת קשב, החזרה מהחופשה היא בבחינת התחלה חדשה. כל הדברים שנאמרו להם לפני היציאה לחופשה, לרוב, לא יישארו בתודעתם, והם לא יזכרו אותם כלל. לכן חשוב מאוד שגם אנחנו נתייחס לחזרה ללימודים כאל התחלה חדשה.

הנה ארבע עצות שיכולות לסייע בחזרה טובה לשגרה:

1. מותר להתלונן

אפשרו לילד להתלונן ולקטר על סיום החופשה. מותר לכם גם לשתף בתחושותיכם. זו דרך נוספת לתת לילד הרגשה שאתם איתו ובשבילו, ושזה בסדר להרגיש תחושה קצת חמוצה. הוא לא לבד.

2. חוזרים לשגרה בהדרגה

התחילו את החזרה לשגרה ימים אחדים לפני החזרה לבית הספר. החזירו את הילד לשעות שינה מותאמות, בדקו ש`שיעורי הבית והעבודות נעשו, ואם לא – זה הזמן לסגור פערים. דברו עם ילדכם על החזרה לבית הספר ועל משמעויותיה. הכניסו את השגרה הביתה באופן הדרגתי.

3. רעננו את חוקי השגרה בבית

כנסו מפגש משפחתי ובו חזרו על חוקי הבית בשגרה; כיצד נראה סדר היום, מה המחויבויות (לרבות זמן מוגדר לשיעורי הבית וחוקים נוספים), מהי שעת השינה בזמן שגרה, וכל שאר חוקי הבית בנושא.

4. סייעו לילד בהתארגנות

ידוע שלילדים עם הפרעת קשב יש קשיים בהתארגנות. לכן, בעיקר בימים הראשונים לחזרה לבית הספר, הקפידו לסייע לילד לארגן את כל הציוד הנדרש לו בכיתה לפי מערכת השעות. כך הילד יוכל להתחיל את השגרה בהצלחה ובתחושה טובה.

כיצד נסייע לילדנו להצליח בבית הספר?

כששנת לימודים חדשה נפתחת, רף הדאגה והחשש עולה. הדבר נכון לכל הורה לילד, וכמובן נכון במיוחד להורים לילדים עם הפרעת קשב. רגע לפני שאתם שולחים את הילד לבית הספר – הנה כמה עצות מניסיוני האישי והמקצועי, שיכולות בהחלט לעשות שינוי דרמטי.

1. שיתוף פעולה – חובה!

ילדכם מבלה כ-1,200 שעות בשנה בכיתה עם המורה שלו. אם אתם והמורים תפעלו כצוות, לילדכם תהיה חוויה חיובית בבית הספר, הן לימודית והן חברתית. כן, זה דורש מאמץ – אבל זה חשוב ומשתלם.

2. להתחיל את השנה ברגל ימין

כדאי לפתוח את השנה בשיחה עם המחנכת (או המחנך, כמובן), וזאת כדי לאפשר לה להכיר את ילדכם, על נקודות החוזקה והחולשה שלו. שתפו אותה בתהליכים שנעשים מחוץ לבית הספר, צרו אצלה אמפתיה ופעלו לתיאום ציפיות. מפגש פתיחת שנה יוצר בסיס רגשי לקשר בין המורה לילדכם ומעלה את רמת האכפתיות ואת הסיכויים לשיתוף פעולה עתידי.

3. גם למורה יש חיים

התחשבו במורה, גם לה יש חיים פרטיים. כחלק מבניית הקשר החיובי, בדקו עם המורה מה אופן ההתקשרות המתאים לה; מיילים, הודעות, שיחות טלפון או אמצעים אחרים. בנו עם המורה ערוץ תקשורת שיהיה קל ומועיל לשני הצדדים – כדי לשמור על קשר רציף לאורך כל שנת הלימודים.

4. מתחילים ב"טוב"

כשאתם יוצרים קשר עם המורה (בטלפון, בדואר אלקטרוני, או בשיחה פנים אל פנים) השתדלו ליצור תקשורת חיובית ואופטימית. חיזוק ופרגון למורה יסירו הגנות ויגבירו מוטיבציה לשיתוף פעולה.

5. אל תיקחו דברים באופן אישי

כהורים, לא קל לנו לשמוע ביקורת על ילדנו. אנו נפגעים פעמיים – פעם עבורו ופעם עבורנו – ואז אנו מגיבים באופן לא מותאם. כשמורה משמיעה הערות שליליות על ילדנו עלינו לנשום נשימה עמוקה ולהגיב עניינית, כפי שהמצב מחייב. כך נוכל לעזור למורה ולילדנו, ויחד למצוא פתרונות למצב.

6. שתפו את המורה במה שעובד

אתם מכירים את ילדכם הכי טוב. יש לכם ניסיון מהעבר ואתם יודעים מה עובד אצלו ומה פחות. חשוב שתשתפו את המורה במידע הזה, כדי שהיא לא תתחיל מאפס ותוכל להבין טוב יותר איך להגיע לילדכם. אל תתמקדו ב"אין" ובמה שלא עובד, אלא במה שכן עובד. ב"יש".

7. יוזמה והתנדבות מקדמות שיתוף פעולה

לעיתים קרובות הצוות מסתמך על עזרה מהורים מתנדבים ועל מעורבות שלהם במתרחש במסגרת בית הספר. נצלו זאת, הצטרפו לוועד ההורים. התנדבו לסייע באירועים, צאו לטיולים, הפגינו מעורבות. כך גם תוכלו לראות כיצד ילדכם מתנהג בבית הספר, גם תכירו הורים אחרים, ובעיקר – בדרך עקיפה, תגייסו את הצוות לטובת ילדכם.

8. מותר לא להסכים

מקרים של חילוקי דעות או אכזבה ניתנים לפתרון. אל תשמרו דברים בבטן, אלא פנו לגורמים האחראים בבית הספר. במידת הצורך, אחרי הפנייה שלכם

למורה, תוכלו לפנות אל יועצת בית הספר, אל המנהלת או אל פסיכולוג בית הספר כדי למצוא פתרונות.

9. המורה יכולה לסייע לכם בבית

בדיוק כפי שאתם חולקים את המידע עם המורה, היא יכולה לתת לכם המלצות כיצד לעזור לילדכם בבית. חשוב לשאול שאלות על ביצועיו של הילד בבית הספר ולברר באילו תחומים הוא מתקשה. כדאי לבקש עצות וחומרים שאתם יכולים להשתמש בהם בבית, מתוך מטרה לעזור לילד שלכם להצטיין בבית הספר.

10. מילה טובה עושה את העבודה

כולם אוהבים להרגיש מוחמאים. כולם זקוקים למילה טובה. עשו לעצמכם מנהג: מדי פעם שלחו מסר למורה, בין אם במייל או בעל פה, שתוכנו רק מילות תודה. זה יעשה את העבודה !

●

הילדים שלנו מבלים כל כך הרבה זמן בבית הספר, ונחשפים לכל כך הרבה גורמים שקשה לנו לשלוט בהם. עם זאת, זכרו, כהורים – האחריות היא שלנו. אם נאמין בילדנו, בעצמנו ובצוות החינוכי, יתרחשו שינויים.

כיצד להתמודד
עם שיעורי הבית?

הצורך להכין את שיעורי הבית ולמלא מטלות שונות מטעם בית הספר הוא אתגר עבור ילדים רבים ומקור לא נדיר במיוחד לחיכוכים בינם להוריהם. בבתים שבהם ילדים עם הפרעת קשב נושא שיעורי הבית עשוי להתפתח למאבק בלתי פוסק, שמתחיל מרגע החזרה מבית הספר ונגרר עד לשעות הערב המאוחרות. עבור רבים זוהי מלחמה רצופה שמתישה את כולם, הורים וילדים.

אז מה עושים? מוותרים? מכריחים? מתייאשים? מענישים?

בואו נודה באמת: לשיעורי הבית יש יחסי ציבור גרועים למדי. מטרתם חיובית וחשובה — אבל גם המורים וגם ההורים אינם מצליחים "להסיר" את התווית הלא סימפטית שנקשרה במטלות האלה ולשחרר את הילדים מתחושת החובה בעניין. שיעורי הבית עדיין נחשבים "גזירת גורל", משהו שגובל כמעט בעונש, כיוון שהכנתם נוגסת בשעות המנוחה והפנאי של הילד ומאתגרת את גבולות הנוחות שלו.

המערכת עדיין לא הצליחה להבהיר את הצורך בשיעורי הבית, את מטרתם ואת התכלית שלהם. וכמו כל "גזירה לא הגיונית" — הציבור פשוט אינו רוצה לעמוד בה.

אם לתלמיד יש הפרעת קשב, זו בכלל "חגיגה". גם ככה הוא מתקשה לשבת לאורך זמן, גם ככה קשה לו עם החומר ועם המשימות השונות, גם ככה הוא לא בהכרח מצליח בבית הספר, אז לגרור את הסיוט הזה גם לבית? לא!

•

בואו נבין משהו אחד חשוב. נכון, שיעורי הבית חשובים — אך הם אינם חזות הכול. עצם הכנת השיעורים אינו העניין — אלא ההבנה שעל הילד הוטלה

אחריות, ועל כן יש חשיבות לתרגול פיתוח של יכולת ההתמדה. משמעותה האמיתית של פעולת הכנת שיעורי הבית: יש משימות שצריך לעשות, גם אם לא ממש אוהבים. הנה חמש המלצות שיעזרו לכם לעזור לילד בנושא הכאוב הזה:

1. אל תוותרו. הילד כן יכול!

לדעתי ומניסיוני, אסור בתכלית האיסור לוותר על הכנת השיעורים. לא רק בגלל השיעורים עצמם, את זה כבר הבנו, אלא בגלל המסר הסמוי העובר לילד: "כשאני מוותר לך (על עשיית השיעורים) אני מוותר עליך..."

והילד לא צריך שיוותרו עליו. הוא לא צריך להרגיש שהמבוגר מרגיש "הילד לא מסוגל". זה רק יאשר את תחושת חוסר המסוגלות האישית שלו ויפגע בתהליך הטיפולי. זה עניין קריטי לפיתוח הביטחון העצמי של הילד. הילד צריך להרגיש שהמבוגר סומך עליו שהוא יכול, בהחלט יכול; רק כך הוא יוכל להאמין בעצמו.

2. התאימו כמות ליכולת

כשנקודת המוצא שלנו היא שהילד כן יכול – עלינו לפעול בחוכמה וליצור איזון בין הרצוי למצוי. כלומר, להתאים בחוכמה את כמות שיעורי הבית ליכולתו האישית של הילד, בלי לקשר זאת בהכרח לכמות המטלות שהוטלה עליו מטעם בית הספר. אם נתעקש על הכנת המטלות כולן – לא יהיה כלום. אולם למען הסדר הטוב ותועלת העניין, יש לשבת בצוותא, אתם, הילד והצוות החינוכי בבית הספר ולתאם ציפיות. כלומר, להגדיר לילד מה הם שיעורי החובה שאותם כולם יודעים שהוא יכול להכין – ועל הכנתם לא נוותר.

חשוב: הילד חייב להיות שותף לכל התהליך ולהרגיש שדעתו נשמעת (לא חייבים לקבלה), אחרת ההתנגדות שלו תגבר. אנחנו לא רוצים לשמוע משפטים כמו "אתם קבעתם בעצמכם, לא שאלתם אותי, אני לא מוכן". הכול בהסכמה – ותתפלאו, אפשר ליצור הסכמות.

3. הבניית שגרה

כולנו זקוקים לשגרה כדי לפעול באופן יעיל. ילדים עם הפרעת קשב זקוקים לכך כפליים, בשל הפיזור הכללי שבו הם חיים.

כדי ליצור שגרה טובה, שכוללת מסגרת זמן ברורה להכנה של שיעורי הבית, צריכים להיות מציאותיים ולהכיר במגבלות. למשל, אם הילד חוזר מבית הספר ונמצא לבדו בבית – הציפייה שמיוזמתו החופשית הוא ישב ויכין את השיעורים אינה מציאותית (בדרך כלל). במקרה שהילד הולך למסגרת אחרת אחרי בית הספר ועליו להכין את השיעורים שם, עליכם לדבר עם הצוות ולהנחותו בעניין.

אם אתם הורים לילדים שנוטלים תרופה – קחו בחשבון את זמן הפסקת ההשפעה שלה ואת משמעות הפסקת ההשפעה, למשל את תחושת הרעב שמתעוררת כשהשפעת התרופה פגה. אלו גורמים חשובים לתכנון השגרה, ולכן תכננו את הזמן כך שהילד יקבל מענה לצורך שלו לאכול. אם השפעת הכדור ארוכה, כדאי לנסות לנצל את הזמן להכנת השיעורים.

חשוב לא פחות, לקחת בחשבון את הצורך של הילד במנוחה ובהתאוששות מיום הלימודים, באופן שמוגדר בזמן מדוד. לדוגמה: הילד חוזר מבית הספר, נח לזמן קצוב (בבית שלי כיוונו שעון עצר שמצלצל בתום דקות המנוחה המוגדרות) ורק אז מתחיל בהכנת שיעורי הבית.

4. תיווך

פעמים רבות הילד אינו יודע בדיוק מה עליו לעשות. למשל, איך להתחיל בהכנת השיעורים או בכתיבת המטלה. אם זה המסר שאתם מקבלים מדבריו של הילד או מהתנהגותו, עליכם לכוון אותו ולהדריכו בעניין.

במקרים כאלה אל תנסו מייד להסביר את השאלה ולהציע תשובה במקומו, אלא שאלו אותו: "מה בדיוק אתה לא מבין?" זאת כדי שהילד יהיה חלק מהתהליך – וילמד כיצד יש לגלות אחריות ולהתארגן במשימותיו.

במקרים שהילד מתלונן שאינו יכול לעשות את שיעורי הבית שלו, במקום לומר "אתה יכול לעשות את זה, זה לא קשה", עדיף לומר: "אני מבין שקשה לך,

בוא נתחיל עם מה שאתה יודע", או "בוא תסביר לי מה אתה לא מבין".

המסר שאנחנו רוצים להעביר לו הוא: השיעורים הם שלך, לא שלנו.

5. הצלחות הן גורם מאיץ למוטיבציה

ככל שהילד חש, שומע ורואה שהוא מצליח — כך יגבר אצלו הרצון להכין את השיעורים וההתנגדות אליהם תפחת. חשוב להבליט ולהעצים את המאמץ ואת ההצלחה באופן עקבי וקבוע. עידוד זה צריך להגיע הן מכם, ההורים, והן מהצוות החינוכי.

•

ההתמודדות עם הפרעת קשב מייצרת אתגרים מגוונים לאורך השנים, ושיעורי הבית הוא אחד מהם. חשוב שנזכור את המטרות המרכזיות, את משמעות שיעורי הבית ואת הצורך לאזן בין הרצון לעמוד בכל המטלות — ובין המחיר הנדרש לכך.

לפעמים, במקרים שבהם הילד אינו מסוגל להתמודד באופן זמני עם המטלות, עדיף להתגמש בעניין כדי לא לשבור את רוחו וכדי לא ליצור אצלו תחושה של כישלון אישי ואכזבה.

המלצות לזוגיות
ולחיי נישואים
בצל הפרעת קשב

גם ילדים עם הפרעת קשב גדלים, מתאהבים, נכנסים לזוגיות ומתחתנים. חיי הנישואים, שגם כך אינם דבר קל ופשוט, הופכים למסובכים עוד יותר.

כמי שחי עם הפרעת קשב כבר כמעט חמישה עשורים ומכיר מקרוב את הקשיים וגם את היתרונות, אין ספק שהפרעת קשב מעצימה את האתגר של שמירה על זוגיות ועל מסגרת משפחתית.

אני מודה, איני בן הזוג האידיאלי. הכול מתחיל בכך שאין שום אות או סימן המעידים על כך שיש לי הפרעת קשב, כך שקשה להבין למה אני מגיב בעוצמות לא מותאמות, בורח מהתחייבויות, ובכלל נותן לצד השני הרגשה שאני עוד ילד במשפחה. רוב הזמן אני עסוק בכיבוי שרפות, בהתנצלויות, בניסיון לעמוד בציפיות של מקום העבודה, של בת הזוג ושל החברים. לא פשוט כלל וכלל.

רוב האנשים אינם מבינים אותי. תוהים, טועים ומבקרים אותי. זו הסיבה שהחלטתי לשתף אתכם במה שבאמת עובר עליי ומדוע אני מתנהל כך, גם כמבוגר.

התגובות שלי מוקצנות

כמאותגר קשב אני חי בתוך עולם פנימי סוער. כל התחושות והרגשות שיש לכולכם קיימות אצלי בהקצנה, והאפשרות לסערה אצלי אינה תלויה במזג האוויר או בעונה בשנה. לרוב, היא לא צפויה. פתאום, בגלל מילה, כתוצאה ממשפט, הסערה מתפרצת ושוטפת את כולם.

אגלה לכם סוד: כפי שהסערה מתפרצת במהירות — כך היא גם נרגעת. אחרי כמה רגעים אני חוזר לשגרה, אבל הבעיה היא שאתם עדיין תקועים אי-שם בעומק הסערה. בכנות, אחרי ההתפרצות אני בעיקר בוש ונכלם. אני לא מבין איך שוב הפתיל נשרף, אני מרגיש רע ובעיקר עסוק במציאת דרך לרצות את כולם. שוב.

יש לי רגישות יתר

כן, למרות שנראה שאני מחוספס עם עור של פיל, מתחת לעור יש דימום קבוע שנוצר בגיל צעיר. הפצע הזה לא קשור ישירות אליכם – אך הוא רגיש לכל מילה, לכל מבט, בעיקר מהאנשים הקרובים אליי. מילות ביקורת ומבטי אכזבה מייד מתדלקים את הדימום הזה, וכל המוגלה מתפרצת, עליכם.

אני יודע שלרוב יש צדק בהערה שלכם. כשאני נרגע אני מבין שלא סתם העברתם ביקורת. אך אני מודה: גם אחרי שנים של תרגול עצמי, קשה לי להכיל את העניין ברגע האמת.

יש לי צורך בהתנתקויות

אני לא יודע איך זה אצלכם, אך כמי שהקשב אינו בידיו – עליי להתאמץ ולהשקיע מאמצים גדולים כדי להיות ממוקד ומרוכז. זהו מאמץ לא קל. אחרי יום עבודה ארוך ומייגע, אני חוזר הביתה ומחפש רק "שקט". אני רוצה להתנתק מהעולם, לא בא לי לשמוע אף אחד, לא מעוניין לראות דבר או לדון בענייני הבית והילדים. זה לא בגלל שהמשפחה לא חשובה לי, אלא פשוט כי המאמץ בלתי אפשרי עבורי.

הנה עצה: כדי שלא תחשבו שבן הזוג מתחמק, מצאו את השעות המתאימות לדבר על הדברים החשובים (אצלנו למשל זה בשעות הבוקר). כך תימנעו מוויכוח מיותר. לצורך הזה, בהתנתקות, יש גם היבט חברתי. אני אוהב אנשים, באמת, אבל רק לפרקי זמן קצרים וממוקדים.

בואו לא נדבר על זה

"אי אפשר לנהל איתך שיחה...", "מתי נוכל לדבר?"

אם האמירות האלה מוכרות לכם, אין ספק שזה אחד התסכולים הגדולים שלכם. העצה שלי: אם אתם רוצים שנקיים שיחה משמעותית, אנא דברו ישר ולעניין. זה לא בגלל שאיני מתעניין או שאתם לא חשובים, אלא בגלל הקושי שלי להתמקד. בייחוד אם במקום להתחיל בעיקר – מתווכחים על הטפל.

אם אחרי אירוע לא נעים יוצאת ההכרזה ש"צריך לדבר על זה", ואז כל אחד הולך לדרכו, זה פוגע בי. אני נשאר כל היום עם המשפט הזה, המוח לא מפסיק לטחון אותו, ובעיקר סף הלחץ והחרדה מזנק. אף אחד לא אוהב להיות במצב של חוסר ודאות. אצלי, כמאותגר קשב, חוסר הוודאות גורם לרוב להקצנה בתגובות.

תכנונים? זה מלחיץ אותי!

"בעוד חודש יש הופעה, להזמין?"

חודש? מה זה? להזמין מה? מי יודע? למה מעכשיו לקבוע?

כן, קשה לנו להתחייב. קשה לנו לחשוב קדימה. אני לא אוהב לתכנן, בעיקר לא לטווח ארוך. הרי אני חי את הרגע, ואולי לא יבוא לכם או לי? אולי בכלל בעוד חודש ארצה לטוס לאנשהו?

אז נכון, עליי להתבגר, יש עוד אנשים סביבי ועליי להתחשב בהם. אך מניסיוני, עדיף לדבר על דברים שעתידים לקרות בקרוב.

אני נותן ללא גבולות

מותר לי גם להחמיא לעצמי, נכון?

כשאני עושה – זה מכל הלב. והלב רחב. לפעמים אני פועל ללא גבולות, ולא בדיוק כפי שנדמה לכם שנכון. בשביל זה אני זקוק לכם, שתדעו להציב מולי מראה שתעזור לי לעצור בזמן. אך כדי שאסכים לשמוע, אל תתחילו עם ה"למה עשית ככה?", קודם תפרגנו ואחר כך תשקפו.

אני חייב בהירות וגבולות

למרות שזה עלול לפעול "נגדי", אגלה לכם סוד קטן: אל תיבהלו מתגובותיי ואל תהססו לעמוד על שלכם. היו ברורים בדברים העקרוניים, ואל תוותרו עליהם גם אם אנסה להתנגד. כשאראה שהעניין משמעותי לכם, לרוב אקבל זאת ואעצור.

סבלנות מאפשרת סובלנות

כולנו טועים. גם אתם ובטח אני, ואני הראשון לבקר ולשפוט את עצמי על
טעויותיי. איני מצפה שתתעלמו או לא תתייחסו, אך אל תחשבו שאני עושה זאת
בכוונה. זה רק גורם לכל העניין להתעצם ומחמיר אותו.

כן, לא קל איתי. לפעמים אני מתסכל, לפעמים מבלבל, אך בטוח שלרגע
לא משעמם.

המלצות לניהול זמן

בעולם שבו רוב הזמן אנו נמדדים בתוצאה ולא בהכרח בדרך להשגתה, עמידה בזמנים היא הכרחית. למאותגרי קשב כמוני זה עניין לא פשוט. השעונים הפנימיים שלי לא נעשו בדייקנות שוויצרית ותפיסת הזמן שלי שונה. קשיים בתפקודים ניהוליים גורמים לכך שרוב הזמן אני חי בזמן אחד ובמקום אחד: כאן ועכשיו.

הדבר גורר התמודדות לא פשוטה עם נטייה לדחיינות ולאי-עמידה ביעדים. בעיקר, הוא גורר תסכול. אז מה אנחנו יכולים לעשות? ניהול זמן יעיל ואקטיבי יכול לעזור מאוד במחיקת הדחיינות ובשיפור העמידה ביעדים.

הנה כמה דרכים שמצאתי אותן יעילות לעצמי. אולי הן יועילו גם לכם:

ערכו תוכנית יומית

אני לא עונה לטלפון עד שכתבתי את התוכנית שלי להיום. אני משתמש בנייר ובעט למטרות תכנון. למה? כי כך אני יכול לראות הרבה מידע בבת אחת. כתיבה בעט על דף מאפשרת לי ליצור תוכנית חזותית. כשאני כותב משהו, אני יוצר לעצמי תמונה, והיא נשארת במוחי זמן ארוך יותר.

אם לכם נוח יותר, תוכלו כמובן להשתמש בעזרים דיגיטליים, כמו יומן במחשב ובסמארטפון (יש היום אפליקציות חינמיות נהדרות).

תכננו קדימה

אני לא רק מתכנן את היום שלי; אני מתכנן גם את השבוע וגם את החודש שלי.

על ידי תכנון ימים, שבועות וחודשים, אני מפנה זמן בכל יום כדי לעשות דברים שחשובים לי. אסטרטגיה זו מאפשרת לי לראות הן את התמונה הגדולה והן את הפרטים הקטנים, המשימות היומיומיות.

נסו את "שיטת פומודורו"

כשאני עובד על המחשב שלי, אני משתמש בשיטת פומודורו. מקור השם הוא בטיימר דמוי עגבנייה ("פומודורו", באיטלקית), שבו השתמש ממציא השיטה. לי עצמי יש לי טיימר פחות מעוצב, שסופר לי 25 דקות רצופות של עבודה על משימה אחת, ואז מעניק לי הפסקה בת שלוש עד חמש דקות. אני חוזר על אותו רצף ארבע פעמים, 25 דקות עבודה 3-5 דקות הפסקה, ואז יוצא להפסקה ארוכה יותר.

כמובן, אפשר לשלוט בפרקי הזמן ולהגמיש אותם. לכל אחד מתאימים פרקי זמן אחרים לעבודה ולמנוחה. לידיעה, יש כמה אתרים שמציעים טיימרים כאלה בחינם.

שמרו על גבולות

אני מגביל את כמות הדברים שאני עובד עליהם במהלך היום. לעיתים קרובות יש לי כמה פרויקטים בזמן נתון. אבל את ההתעסקות עצמה אני מגביל לשלושה (לפעמים שניים) פרויקטים ביום. למדתי על בשרי שאם אני מנסה לעשות הכול בבת אחת – יוצא שלא עשיתי כלום. "עשיתי" מבחינתי, לסמן "בוצע".

יש הבדל בין להיות עסוק ובין להיות יעיל. בשבילי, יעילות אומרת שסיימתי את המטלה.

שמרו על רמת אנרגיה נכונה

המפתח ליעילות קשור לניהול האנרגיה יותר מאשר לניהול זמן. כאשר אני אוכל טוב, ישן ועושה פעילות גופנית, רמת האנרגיה שלי עולה וזה מה שעושה את ההבדל.

השתמשו בטכנולוגיה מסייעת

עידן האינטרנט והאפליקציות יכול לבלבל — אבל אותי הטכנולוגיה
החדשה משרתת בדרכים רבות. אני משתמש בכל האמצעים הזמינים לי: יומן,
תזכורות, טיימר, פומודורו (כאמור) ועוד. האפליקציות האלה עוזרות לי להיות
יעיל ומועיל. חוץ מזה, זה כיף! לא?

•

הזמן הוא משאב יקר, ולרוב אינו מספיק. עם זאת, תכנון, עקביות וגמישות
מאפשרים לנו להספיק יותר — ולהפחית את התסכול.

חלק רביעי:

התנהלות בבית הספר

הסברים, עצות וכלים,
הלכה למעשה, לצוות החינוכי

הפרעת קשב
בבית הספר

למידה היא תוצר של שיתוף פעולה בין הלומד למלמד. הצלחה בכיתה אומנם תלויה ברצונם של התלמידים ללמוד, אך גם במורים ובמוכנות שלהם לעשות זאת בדרך המתאימה ללומדים.

כחלק מתפקידיי, אני עוסק גם בהדרכת צוותי חינוך. אני יודע, ממקור ראשון, עד כמה משמעותית יכולה להיות התנהגות המורה כלפי תלמידיו. התנהגות נכונה יכולה לשנות את כל התמונה. הבנת האתגרים הייחודיים שיש לתלמיד עם הפרעת קשב תעזור למורה ולתלמיד להפוך לצוות מנצח, ביחד.

זה לא קל, כמובן. מורים מתקשים מאוד להתמודד עם טיפוס כמו שמר הקטן; הוא לא מגיב כפי שמצופה ממנו להגיב, הוא אימפולסיבי, הוא מפריע, וסימני המצוקה שהוא משדר מפריעים לכיתה. לכן, מורים יקרים, כשאתם נפגשים בכיתה עם תלמיד עם הפרעת קשב, נדרשים מכם השקעה רבה, יצירתיות והרבה אורך רוח. זהו אתגר גדול, אך אין ספק שאתם מסוגלים לעשות זאת.

ראשית, עליכם להאמין בעצמכם וביכולתכם להיות משמעותיים עבור התלמידים. שנית, עליכם להאמין בתלמידים וביכולתם להשתנות ולהצליח, למרות הקשיים הרבים. שלישית, כדי להבטיח הצלחה בהרחבת הדעת ובהקניית דרכי הפעולה, חשוב שתזכרו: האמונה, ההשקעה וההתמדה מביאים לתוצאות.

לפניכם עצות מעשיות למורים המתמודדים עם תלמידים מסוגי. אלו דברים שעזרו לי, כתלמיד, ללמוד, ואני מיישם זאת גם היום, בכובעי המקצועי.

מקדו אותי

במקרים רבים קשה לדעת לאן אני מביט ובמה אני מתרכז. אני לא תמיד יוצר קשר עין ואיני יושב בצורה מתאימה, אך אל תסיקו מכך שאני לא מקשיב. אם אתם לא בטוחים, בקשו ממני לחזור על מה שאמרתם או להסביר אותו. אנא, אל תשאלו אם אני מקשיב או אם אני מרוכז.

הפעילו אותי

בשבילי זה אתגר גדול ללמוד באופן פסיבי לפרקי זמן ארוכים. המוח שלי פועל הרבה יותר טוב כשהלמידה היא אינטראקטיבית ומערבת חושים נוספים. לפעמים, כל מה שאני צריך בשביל לחזור להקשיב, הם שאלה, חזרה או משפט לדיון. אל תגידו לי מה לעשות. הראו לי, שתפו אותי, ואז אבין ואוכל לבצע את המוטל עליי טוב יותר.

גרו את מוחי

אני זקוק לריגוש תמידי. אם אני נראה משועמם, אל תיקחו את זה אישית; זה לא נגדכם. אני מתקשה להניע את עצמי לעשות משימות שאינן מעניינות אותי. המוח שלי משתוקק לגירוי, כך שגם האזנה למוזיקת רקע דרך אוזניות יכולה לסייע לי לשמור על חלק מהמוח שלי עסוק. תנו לי תמריצים מדי פעם. גם פרסים קטנים יכולים לעזור לי ולעודד אותי להשלים את המשימות.

אפשרו לי לזוז

טווח הקשב שלי קשור לרמות האנרגיה שלי. אני יודע שאני אמור לבצע את המשימות שלי בזמן שאני יושב ליד השולחן, אבל איך המוח שלי אמור לשעוט קדימה כשאני יושב בלי שום תנועה? אם אני לא יכול לזוז בזמן שאני חושב, המנוע שלי יהיה כבוי. אם רק תיתנו לי לעמוד, לנוע, או להעביר הילוכים – אהיה יעיל ומועיל יותר.

למדו אותי ללמוד

האמת היא שאני לא באמת יודע כיצד ללמוד. אני זקוק לכם שתראו לי את הדרך: איך לענות על שאלה, כיצד להכין עבודה ומה נדרש ממני כדי שאצליח. אני לא רוצה שתבצעו במקומי את הדברים ולא זקוק לכך. אני רק מבקש שתנחו אותי.

אל תאשימו אותי

כשאתם אומרים שאני לא מתאמץ מספיק או לא משתף פעולה, אני נאטם. המוטיבציה נעלמת ואני מתכנס בעצמי. לחץ גורם לי להינעל ולהימנע מכל רצון לשתף איתכם פעולה. בבקשה, אל תשפטו אותי.

עודדו אותי

לפעמים אני מפריע בלי שאני מודע לכך. למשל, כשאני מתנועע בעצבנות או בוהה בחלל – זה בגלל שהמוח שלי נודד לאנשהו. אני זקוק לעידוד שלכם, ולא להערות פוגעניות. למעשה, אני צריך חיזוקים חיוביים הרבה יותר מאשר חבריי לכיתה, אבל בגלל ההתנהגות שלי אני מקבל הרבה פחות מהם.

הבינו שגם אני רוצה להצליח

מה זה רוצה? הכי רוצה! משתוקק, נואש להצליח! אני לא מתנהג כמו שאני מתנהג כדי לעצבן אתכם, או כי בא לי להיות חוצפן. המוח שלי פועל באופן שונה. אני עלול להחמיץ הרבה רמזים עדינים, אבל כשאתם בעדי ולצידי – אני יודע שביחד נצליח. זה תהליך קשה, ובעיקר איטי – אבל אפשרי.

תפקודים ניהוליים ולמידה

הצלחה לימודית בבתי הספר קשורה בשליטת התלמידים במגוון רחב של תפקודים ניהוליים (executive functions). תפקידם המכריע של התפקודים הניהוליים מתחיל עוד בשנים שקודמות לבית הספר, ומתעצם ככל שהתלמידים מתקדמים מכיתות היסודי לחטיבה ולתיכון. שם כבר מצופה מהם לשלוט היטב במיומנויות הכוללות שינון, כתיבה וסיכום.

את התפקודים הניהוליים כבר הזכרנו בפרק נפרד בספר. מדובר בשם כולל למערך תהליכי חשיבה "גבוהים" הכוללים שליטה, ויסות ופיקוח. תהליכים אלה מארגנים ומכוונים את כל הפעילות הקוגניטיבית, התגובות הרגשיות וההתנהגות היומיומית.[12]

לפי הגדרה אחרת, תפקודים ניהוליים משמעותם מערכת אחת בעלת רכיבים שונים כגון אינהיביציה (עיכוב תגובה), זיכרון עבודה וגמישות מחשבתית.[13] אם כן, אפשר לומר[14] שהמונח "תפקודים ניהוליים" הוא שם כולל לאוסף תפקודים אשר אחראים על מגוון יכולות, בהן:

- תכנון
- ארגון
- קיום בקרה עצמית
- פתרון בעיות
- הפעלת היגיון מופשט
- שימוש באסטרטגיה
- הפעלת התנהגות מכוונת מטרה

---

[12] Pennington and Ozonoff, 1996; Barkley, 1997; Gioia et al., 2002; Gioia and Isquith, 2004

[13] Miyake et al, 2000

[14] על פי Lee, Romine, Wolfe & Wong, 2002

חשוב לדעת ולזכור כי קשיים בתפקודים ניהוליים יוצרים השלכות בכל תחומי החיים, הן במישור התפקודי, הן במישור הרגשי, הן בלימודי והן בחברתי. עלינו להיות ערים לכך ולשים לב לאופן שבו הקשיים מתבטאים אצל תלמידות ותלמידים שונים.

תפקודים ניהוליים מתפתחים לאורך שנות החיים, אך אצל ילדים עם הפרעת קשב אנו עדים לאיחור בהתפתחותם. מעבר לכך, התפקודים הניהוליים אצלם אינם מופעלים באופן אוטומטי, ומכאן האתגרים הרבים.

הצלחה במישור הלימודי תלויה ביכולתו של התלמיד לתכנן, לארגן ולתעדף משימות, מידע וציוד, להבדיל בין העיקר לטפל, להפריד בין רעיונות עיקריים לפרטים הקטנים, לגלות גמישות מחשבתית, לשנן תוכן ולערוך בקרה עצמית על התקדמותו. חשוב לסייע לתלמידים להבין כיצד הם חושבים ולומדים, וללמדם לעשות שימוש בחמשת התחומים של התפקודים הניהוליים: ארגון, תעדוף, גמישות מחשבתית, זיכרון עבודה ובקרה עצמית.

כדי שהילדים יצליחו לפתח את התפקודים הניהוליים שלהם וילמדו לעשות בהם שימוש נכון ומועיל, על המורה לפעול דרך תיווך והכוונה. כלומר, על המורה לפרק את המיומנות \ המשימה \ השאלה לפרטים קטנים, וליצור תהליך הדרגתי שבו התלמיד לומד לפעול באופן עצמאי. תיווך נכון מחייב הוראה מפרשת, הדגמה והתנסות. לעיתים מדובר בתהליך ארוך, אך משתלם. אם הדבר ייעשה באופן מותאם לתלמיד – הוא יהפוך להיות לומד עצמאי.

ארגון

ארגון, כמו גם תעדוף, הוא מהתפקודים הניהוליים החשובים ביותר. כולנו מיישמים את שניהם בעבודה ובבית הספר. יכולת הארגון כוללת סידור של חפצים ומידע וכן השלמת משימות. אנו משתמשים במגוון אסטרטגיות וכלים של ארגון (לדוגמה: לוחות שנה ויומנים, ארוניות תיוק, מחשבים) לשם הבניית סדר וגיבוש תעדוף, כדי שנעמוד ביעדים שלנו, אלו שהצבנו בעצמנו ואלו המוטלים עלינו.

החל מהכיתות הנמוכות בבית הספר היסודי ועד חטיבת הביניים והתיכון, המשימות הלימודיות דורשות מהתלמיד שימוש יומיומי ביכולת הארגון. התחומים העיקריים שבהם תלמידים מתמודדים עם אתגרי הארגון הם כדלקמן:

- לימוד: כדי ללמוד למבחנים על התלמידים לארגן את סיכומי השיעורים שהם כתבו בכיתה, את שיעורי הבית שהם הכינו וחומרים נוספים.
- כתיבה: במהלך שנת הלימודים התלמידים נדרשים לכתוב תשובות, עבודות וחיבורים. אלו צריכים להיות מאורגנים, ממוקדים וכוללים הבחנה בין העיקר לטפל.
- שיעורי הבית: על התלמידים לכתוב באופן מדויק את המשימות הניתנות להם, להביא מהבית ציוד וחומרים שיצטרכו, להשלים משימות בזמן ולזכור להגישן.
- עמידה במשימות מורכבות: במשימה מורכבת, שיישומה מתפרש על פני זמן ארוך, על התלמידים לזכור פרטים רבים, לעקוב ולנהל את המרכיבים המרובים של המשימה. לעיתים ההתנהלות צריכה להיות עם כמה משימות בעת ובעונה אחת.

תעדוף

כדי להתכונן באופן אפקטיבי לבחינות ולסיים בזמן משימות מורכבות, על התלמידים לסגל לעצמם מיומנויות של תעדוף משימות. הם צריכים לדעת כיצד לחלק את הזמן ואת המאמצים בין המטלות השונות העומדות בפניהם.

במשך היום התלמידים נזקקים לתעדף את פעולותיהם במקרים רבים. הנה שלוש דוגמאות:

- מעבר בין משימות ארוכות וקצרות;
- הבחנה ובחירה של המידע החשוב לסיכום במהלך השיעור;
- ניהול הזמן ותעדוף של הפעילויות השונות, חברים, חוגים ולמידה.

ארגון ותעדוף הם שני תפקודים ניהוליים משיקים, שמאתגרים תלמידים עם הפרעת קשב ולקויות למידה. לעיתים קרובות תלמידים אלו נתפסים כעצלנים, כחסרי מוטיבציה ואפילו כמתנגדים. עם זאת, אתם, המורים, יכולים להיות חלק מהמיעוט החיובי בחיי התלמידים הללו, אלו שמבינים לליבם ויודעים שהלקויות מקשות עליהם לפתח את המיומנויות הנדרשות.

הנה כמה דרכים שבאמצעותן תוכלו לסייע לתלמידים ללמוד לארגן ולתעדף באופן יעיל.

ארגון זמן

- היומן הוא ידידו הטוב ביותר של התלמיד. על כל תלמיד לנהל יומן משימות, שכולל תאריך התחלה ותאריך יעד לכל משימה. למדו את התלמידים לעשות שימוש ביומן ולוו את התהליך עד להטמעת השימוש.
- למדו את התלמידים לבנות לעצמם לוח מבחנים ולהשתמש בו באופן אפקטיבי; עזרו להם לבנות טבלה שבועית למעקב אחר מילוי המשימות הלימודיות ועבור הפעילויות החברתיות בכיתה.
- כשאתם מבקשים מהתלמידים לבצע משימה, הגדירו מראש מהו הזמן לסיומה, והתריעו כשמועד זה מתקרב. אם הפעלתם את התלמידים במשימה מסוימת, אל תעצרו את הפעילות באופן פתאומי.
- אפשרו לתלמיד "פסקי זמן" מוסכמים מראש, שבהם הוא רשאי לצאת מהכיתה ולהתאוורר.

ארגון משימות וציוד

- למדו את התלמידים לפרק משימות מורכבות לחלקים קטנים, שאיתם אפשר להתמודד בהצלחה. השתמשו בלוח או במפת משימות ושרטטו תרשימי זרימה.
- מיקוד דרך שאלות מכוונות מונע פיזור. התמקדו בחומר הלימוד המרכזי.
- תנו הוראות מפורשות, קצרות וממוקדות. אל תסתפקו בהסבר בעל פה,

אלא כתבו את הדברים על הלוח. בקשו מהתלמידים לחזור על ההסבר, וכך תוודאו שהם הבינו את הוראתכם.

- למדו את התלמידים כיצד ללמוד. איך מסכמים שיעור, כיצד מארגנים חומר וכו׳. חשוב להציג כמה דרכים, כדי שכל תלמיד יוכל לבחור בדרך הנוחה לו.
- מרחב עבודה מאורגן מסייע לתלמידים לאתר בקלות ובעצמאות את הציוד הנדרש להם. למדו את התלמידים כיצד לארגן את שולחנם ולדאוג לכך שרק מה שנדרש יימצא בסביבתם. בסיום השיעור, הקפידו שהם יחזירו כל דבר למקומו.
- חומרי עזר כמו מחשבון, אטלס ומילון – רצוי מאוד לאחסן סמוך למרחב העבודה שבו התלמידים לומדים.
- סייעו לתלמידים להחליט על זמן קבוע שמוקדש לסידור הילקוט, ולמדו אותם כיצד לעשות זאת באופן שנעים להם. כדי שהדבר יהפוך להרגל, עליכם לתרגל זאת יחד איתם.
- עודדו את התלמידים להשתמש בקלסר צבעוני לאחסון דפים חשובים (כגון אישורים והנחיות לשיעורי הבית), כדי שאלו לא יאבדו במהלך המעבר מהבית לבית הספר וחזרה. אוגדן מחברות למשל יעזור להם לא לשכוח מחברות.

גמישות מחשבתית ומעברים

גמישות קוגניטיבית, כלומר היכולת לחשוב באופן גמיש ולהחליף בין גישות, היא תפקוד ניהולי קריטי להצלחה בלמידה, בהתנהלות בבית הספר ובבית. תלמידים רבים עם לקויות למידה, הפרעת קשב והיפראקטיביות, מתקשים לחשוב באופן גמיש. הם חווים קשיי מעבר ומתקשים בהתמודדות עם שינויים בלתי צפויים בלוחות הזמנים שלהם ובשגרת שיעורי הבית. מסיבה זו הם עשויים להיראות להוריהם ולמוריהם ״נוקשים״, ״עקשנים״ או עם ״חשיבה צרה״.

ככל שתלמידים ״עולים״ כיתות, ותוכנית הלימודים שלהם נעשית מורכבת

יותר, חשיבותה של הגמישות המחשבתית הולכת וגדלה. הם נדרשים להיות מסוגלים לפרש מידע ביותר מדרך אחת ולהחליף בין גישות ושיטות לפי הצורך. גמישות מחשבתית נדרשת במיומנויות הבאות:

- **הבנת הנקרא.** מעבר קדימה ואחורה בין נושאים מרכזיים לפרטים תומכים, סריקה וסינון של מידע תוך כדי קריאה.

- **שפה כתובה.** איזון בין מושגים חשובים ורעיונות מרכזיים ובין פרטים תומכים, שאותם התלמידים מעוניינים להביע בכתב.

- **בשלות מתמטית,** כולל מעבר בין משמעויות של מילים, הבנת פרוצדורות והפעולות הנדרשות.

- **למידה של מדע והיסטוריה,** המצריכה שימוש בהקשרים וברמזים כדי לתעדף משימות ולהתמקד במידע הרלוונטי ביותר.

- **רכישת שפה זרה.** בתחום זה התלמידים צריכים לסגל לעצמם יכולת של מעבר בין שפת האם והשפה הנלמדת.

- **למידה לבחינות ופתרונן.** תכנון הלימוד לבחינה ואופן המענה לשאלות מצריכים מעברים קדימה ואחורה בין נושאים מגוונים ובין בעיות ושאלות המוצגות בדרכים שונות.

אם זיהיתם שתלמידכם זקוק לסיוע כדי לסגל לעצמו חשיבה גמישה יותר, תוכלו לנסות להטמיע את האסטרטגיות הבאות בפעילויות הלימודיות, ואף להציע להורים לעשות כך בבית, בהכנת שיעורי הבית ובזמן המשפחתי (או בזמנים המוקדשים לילד בלבד):

- **פעולות הכוללות מילים בעלות כמה משמעויות, קטגוריות מילים וחידות מספרים.** אלו מפתחות גמישות שפתית ומספרית. מומלץ לבצע מגן חובה ואילך.

- **המחשה ודיון בבדיחות, חידות, משחקי מילים ומילים מרובות משמעות.** פעולות אלו עשויות לסייע לתלמידכם להבין שכפל משמעויות ואי-בהירות בשפה יכולים להשפיע על ההבנה, ובכך לחזק את חשיבות השימוש בהקשרים וברמזים בעת הקריאה.

- **הבנת הנקרא.** כאשר תלמיד נתקל במילים או במשפטים שאינו מבין, עודדו אותו לעצור את הקריאה ולשאול את עצמו שאלות מפתח, כגון "האם יש בקטע מילה או ביטוי שייתכן שיש להם יותר ממשמעות אחת?", "האם בעזרת הדגשת חלקים שונים במשפט אוכל לגלות את המשמעויות השונות של המילה?"

- **שפה כתובה.** במקרה שתלמיד "נתקע" במשימות כתיבה, עודדו אותו להשתמש באסטרטגיות של ארגון ותעדוף מידע. לדוגמה, להכין טבלה בעלת שלושה טורים. בטור הראשון אפשר לכתוב נושאים, רעיונות ושאלות, בטור השני פרטים רלוונטיים ובטור השלישי שיטה המסייעת לזיכרון, לדוגמה תמונה.

- **מתמטיקה.** אם התלמיד מנסה לפתור בעיות במתמטיקה בדרך אחת בלבד, הראו לו כיצד לחפש שיטות וגישות שונות שעשויות להיות יעילות יותר. עודדו אותו לזהות את הצורך במעבר בין פעולה מסוימת לאחרת (לדוגמה, מחיבור לחיסור), ולשאול שאלות כגון "האם אני מכיר יותר מדרך אחת לפתור את הבעיה?", "האם זה נראה דומה לבעיה שבה נתקלתי בעבר?"

- **הכנה למבחנים ובחנים.** הראו לתלמיד כיצד לסכם מידע ממקורות מרובים כספרים, שיעורי הבית וסיכומים מהמחברת. עזרו לו לזהות את המקרים הבאים:
  o למידה שונה למבחנים שונים. לדוגמה, מבחן עם חומר פתוח דורש מיקוד בפרטים ובעובדות, בעוד פתרון של שאלות פתוחות מתבסס על היכולת לספר את הסיפור יותר מאשר להתעמק בפרטים.
  o בתחומים שונים יש צורך באסטרטגיות למידה שונות. לדוגמה, סקירת רעיונות מרכזיים בספר או במחברת תהיה הכנה טובה למבחן בהיסטוריה, אך העבודה בכיתה והכנה של שיעורי הבית חשובות יותר במתמטיקה.

לאורך זמן, בסבלנות ובאימון, תוכלו לסייע לתלמידכם להגמיש את מחשבתו ובכך לסייע לו ללמוד יותר ולשפר את ביצועיו בבית הספר. ולא רק.

זיכרון עבודה

תלמידים נזקקים לשימוש בזיכרון עבודה בכל פעילות. זיכרון עבודה כרוך בשימוש קצר טווח בזיכרון ובקשב. הוא מסייע לנו לשמר מידע במוחנו, תוך כדי שימוש במידע לשם השלמת משימה או התמודדות עם אתגר. אפשר לראות אותו כ"אפליקציית הפתקיות" של המוח.

זיכרון עבודה לקוי עשוי להכשיל כל אדם, ובייחוד תלמידים עם הפרעת קשב או לקויות למידה. יש שני סוגים של זיכרון עבודה:

1. **זיכרון עבודה מילולי (שמיעתי)** שעובר דרך מערכת הקול (פונולוגי). כאשר תלמידים צריכים לפעול על פי מערך רב-שלבי של הנחיות הניתנות בעל פה, עליהם להשתמש במיומנות זו. אם יש קושי, ייתכן שהם לא יהיו מסוגלים לזכור את ההנחיות תוך כדי העבודה על פיהן. זאת גם במקרים שהם הבינו באופן מושלם מה עליהם לעשות – ייתכן שיש קושי בזיכרון עבודה מילולי. משימות אחרות הדורשות זיכרון עבודה מילולי (שמיעתי) הן: למידת שפה ומשימות הבנה ותפיסה. זיכרון עבודה שמיעתי בדרך כלל משפיע על הלמידה יותר מאשר זיכרון עבודה חזותי-מרחבי, שכן רוב המידע המועבר בבית הספר הוא מילולי-שמיעתי, כך שקשה לתלמידים לחפות על הקושי.

2. **זיכרון עבודה חזותי.** תלמידים נזקקים להשתמש בזיכרון עבודה חזותי כמעט בכל פעילות לימודית. אם קיים קושי בזיכרון העבודה החזותי, אך הדבר לא הובא לידיעת המורה, ייתכן שהתלמיד ייתפס כלא קשוב. זיכרון עבודה לקוי עשוי להוות בעיה משמעותית עבור תלמידים עם הפרעת קשב והיפראקטיביות. קושי בזיכרון עבודה עשוי להתגלות במהלך שנות בית הספר, כשנדרשות מיומנויות ניהוליות כמו הבנה וניתוח. כפי שאתם ודאי יכולים לנחש, אם לתלמיד יש מגבלת למידה, זיכרון עבודה לקוי יכול להחמיר את המצב.

לדוגמה, תלמיד בכיתה ה׳ שעדיין קורא בקול, מסתמך על זיכרון
העבודה לשם פיצוי וחיפוי. מקרה כזה יכול להכביד מאוד על המערכת
של זיכרון עבודה. בשלב זה על הקריאה להיות כבר אוטומטית ועל
התלמיד להיות מסוגל להביט במילה ולזהות אותה, בלי להיאלץ לגייס
את הקשב או את זיכרון העבודה לשם כך. באופן זה התהליך הופך
לבעייתי יותר עבור תלמיד שצריך לחפות על זיכרון עבודה שעדיין אינו
יעיל מספיק.

●

כדי לבדוק אם לתלמיד יש בעיית זיכרון עבודה, תחילה התבוננו וחפשו
סימנים (או בקשו מההורים לעשות זאת). תלמידים עם בעיה בזיכרון עבודה
עשויים להפגין את התופעות הבאות:

- נטישת פעילויות לפני השלמתן.
- לעיתים קרובות הם נראים כחולמים בהקיץ.
- אינם מצליחים לסיים מטלות.
- מצביעים ומבקשים להשיב על שאלות, אך שוכחים מה רצו לומר
  (אופייני לבני חמש, אך לא לבני אחת עשרה).
- החומר נקלט אצלם באופן לא מאורגן. לדוגמה, כשהם מעתיקים
  מהלוח — הם יכולים לבלבל בין שני משפטים שאינם קשורים זה לזה.
- שוכחים כיצד להמשיך בפעילות שהתחילו, גם במקרים שבהם המורה
  הסביר את שלבי הפעילות.

●

יש דרכים רבות לסייע לתלמידים עם זיכרון עבודה לקוי. אחת מהן היא
לנסות להבין מדוע הם אינם זוכרים. סיבה אפשרית היא אימפולסיביות, ואילו

סיבה אחרת יכולה להיות שימוש בשיטת זיכרון לא יעילה. אחרי זיהוי הסיבה, כדאי להתאים לתלמיד דרך יעילה להפעלה טובה יותר של הזיכרון, ולתרגל זאת עד להטמעה.

כמו כן, חשוב ללמד את התלמידים כיצד לפצות על זיכרון העבודה הלקוי, וכמובן – להציע שינויים חיוביים בסגנון החיים.

לפניכם המלצות לצעדים שתוכלו לנסות:

- הכירו את חולשות התלמידים ונצלו את חוזקותיהם. במקרה שיש לתלמיד מיומנויות חזותיות-מרחביות חזקות, נסו לבטא את המידע באמצעות דיאגרמה חזותית.
- סייעו לתלמידים לפצות על חולשותיהם. חלקו את המידע שהם צריכים לזכור לחלקים. לדוגמה, במקום הנחיה אחת רציפה וארוכה, תנו כמה הנחיות קטנות. אם זיכרון העבודה השמיעתי של התלמיד חלש, אל תצפו ממנו לקלוט מעבר ליכולותיו.
- השתמשו בזיכרון עבודה כזרקור לתכנון פעולה. הניאו את התלמידים מביצוע כמה משימות בה בעת, ועודדו אותם להשתמש בזיכרון העבודה שלהם כזרקור למיקוד העשייה בדבר אחד בזמן נתון, ולעבור ממשימה למשימה.

וגם אתם, בצעו פעילות אחת, עצרו ועברו לפעילות הבאה. במידת הצורך, חזרו לפעילות הראשונה וכך הלאה. מודעות לאופן שבו יש להפריד בין משימות תאפשר לתלמידים המתקשים להתמקד במחשבה בודדת, לעומת הצפתם על ידי הר של מחשבות.

בקרה עצמית

בקרה עצמית היא תפקוד ניהולי הדורש מהתלמידים לזהות מתי וכיצד להשתמש באסטרטגיות ספציפיות, לבחון את יעילות האסטרטגיות ולהתאימן למשימות שלפניהם. בקרה עצמית דורשת מהתלמידים להיות מודעים למהות

המשימה, לדרך שבה ייגשו למשימה ולתוצאה של מאמציהם.

חשיבותן של אסטרטגיות בקרה עצמית עולה ככל שמתקדמים בכיתות בית הספר. לדוגמה:

- **הבנת הנקרא** כוללת ניטור ופענוח של אוצר מילים (המילים בקטע הנקרא) ובה בעת, גם איתור של הרעיונות המרכזיים ושל הפרטים (המשמעות).
- **כתיבה** כוללת הבנה של המטלה, תכנון וארגון שיטה, חיבור הרעיונות המרכזיים (או הנושאים) עם הפרטים והעובדות. כל זאת תוך כדי שימוש במבני משפטים נכונים, איות ודקדוק, ובסופו של דבר – בדיקה: האם התוצר המוגמר תואם את מטרות המטלה?
- **מתמטיקה** מצריכה מהתלמידים לנטר כיצד הם פותרים בעיות (כגון שימוש בפעולה הנכונה), להבין מושגים ולוודא שהחישוב הסופי תואם לשאלה.
- **לימודי מדע והיסטוריה** מצריכים מהתלמידים הבנה של מושגים, רכישת אוצר מילים רלוונטי (לדוגמה, מילים מדעיות) ושינון פרטים (לדוגמה, תאריכים היסטוריים).
- **הכנת שיעורי הבית** כוללת הבנת המטלות, ניטור תאריכי יעד, ארגון ציוד ובדיקת דיוק.
- **למידה למבחנים ופתירתם** כוללים התנסות בבדיקה עצמית של "מה אני כבר יודע ומה עליי עוד ללמוד", "כיצד עליי ללמוד", ולסיום – בדיקה עצמית ואיתור שגיאות.

תלמידים המפתחים יכולת לבדיקה עצמית יכולים להפוך לתלמידים עצמאיים, יעילים ומצליחים. עם זאת, לעיתים קרובות, תלמידים עם הפרעת קשב ולקויות למידה מתקשים בבקרה עצמית יעילה. חלקם אינם בודקים או מתקנים את עבודותיהם באופן יעיל, ולעיתים קרובות הם "שוכחים" מה הם מטרותיהם ויעדיהם.

ייתכן שהם לא יבחרו באסטרטגיות האופטימליות למשימות ספציפיות ויתקשו באיתור שגיאותיהם. לחלופין, ייתכן שהם יעבדו במשך שעות רבות – אבל תסכולם רק ילך ויגבר, כיוון שלעיתים קרובות הם סובלים מהתופעות הבאות:

- הם אינם מודעים לגישות שאותן הם נוקטים כדי להשלים את משימותיהם.

- הם אינם מבחינים מתי הם "נתקעים" ועליהם "לבצע מעבר", כלומר להחליף גישה שתסייע להם יותר בהשלמת העבודה.

- הם אינם מנטרים את עצמם ואינם מתאימים את האסטרטגיות לפי יכולתם.

- הם אינם יודעים כיצד לבדוק את עצמם או לתקן את שגיאותיהם באופן עצמאי.

כיצד תוכלו לסייע לתלמידים לנטר ולבדוק את עצמם? קיימות לכך כמה טכניקות. חשיבה בקול רם, למשל. טכניקה זו מסייעת לשיקוף ולשיפור המודעות ללמידה וכיצד אנו מתפקדים; לכן עודדו את תלמידכם לחשוב בקול רם. אתם יכולים להדגים התנהגות זו באמצעות אמירת רשימת המטלות של עצמכם, סקירת תוכניותיכם והשינויים בהן, וכן לעורר שיח כיצד להימנע משגיאות.

כדי לסייע לתלמידים להפעיל תהליכי בקרה, תוכלו לנסות גם את האסטרטגיות הבאות.

הבנת הנקרא:

- עודדו את התלמידים לקרוא קריאה מודעת (מטאקוגניטיבית). כלומר, קריאה תוך הפעלת אסטרטגיות באופן מודע. יש לקרוא משפטים בודדים או מקטעים קצרים של טקסט, ולאחר כל משפט או מקטע לבדוק – באמצעות שאלות, ניבוי והמחשה ועוד – שהוא הובן.

- למדו אותם לדון בטקסט באופן יעיל, תוך חיבור בין הפסקאות, הנושאים ומבנה הטקסט. נסו לעורר דיון על הדמויות, על שימוש בשפה ועל החיבורים בין הנושאים והפרטים בטקסט.

כתיבה:

- סייעו לתלמידים לעבור על המשימות ועל הציונים/תוצאות, כדי שיתרגלו מעקב אחר התקדמותם.
- למדו את התלמידים לזהות שגיאות נפוצות. כך יוכלו ליצור לעצמם רשימת שגיאות אישית, ולדעת שעליהם להיזהר מהן.

מתמטיקה:

- עזרו לתלמידים לפתח שיטות בדיקה ובקרה יעילות. למשל, הערכה התוצאה (האם היא הגיונית), טכניקת פעולה הפוכה (פתרון התרגיל בכיוון חזרה לערך המקורי), שימוש במחשבון וכו'.
- סייעו לתלמידים ליצור רשימה אישית של "שגיאות מועדות", באמצעות זיהוי שגיאות שנעשו במבחנים ובעבודות בעבר. לדוגמה, "האם בדקתי את הסימנים האלו? האם פתרתי את כל חלקי השאלה?"

שיעורי הבית ומטלות בכיתה:

- הסבירו את חשיבות שיעורי הבית, הקדישו מחשבה על מידת ההתאמה של כמות שיעורי הבית ליכולותיו של הילד ולרמתו, בדקו את השיעורים.
- הקפידו שיימצא בסביבת הלמידה שעון תקין, זאת כדי שהתלמידים יבחינו בזמן החולף ויוכלו לבדוק כמה זמן הושקע בכל מטלה.

הכנה למבחנים ופתירתם:

- עברו על הנחיות הלמידה וסייעו לתלמידים לקבוע לוח זמנים הכולל גם הפסקות למנוחה ולהנאה.
- עודדו את התלמידים ליצור רשימת "לא לשכוח", ראשי תיבות או תזכורות אחרות, ולעבור על הרשימה לפני המבחן.
- סייעו לתלמידים ליצור ראשי תיבות אשר ישמשו להם תזכורות לבדוק את עצמם במהלך הבחינה ובסיומה ולאתר שגיאות ספציפיות.

- הדגימו לתלמידים כיצד להשתמש בטבלה בעלת שניים או שלושה
  טורים, כדי ללמוד ולבדוק הבנה של נושאים מרכזיים. לדוגמה, טור
  אחד לרעיונות ולמושגים המרכזיים, טור שני לפרטים ובטור שלישי
  תזכורות או רמזים שיסייעו להם לזכור את החומר.

מוטיבציה ותלמידים עם הפרעת קשב

תלמידים זקוקים למוטיבציה ולעידוד בשביל להוציא מעצמם את ״הכי טוב״ שלהם בכיתה ובכל מקום. קיימת נטייה טבעית בקרב חלק מהצוותים החינוכיים להתמקד בשינוי אופי התלמידים, ולרוב זה מסתיים בתסכול. התלמידים חיים בהווה – ולכן יעדים ופרסים עתידיים (ציונים ותעודות) לרוב אינם יעילים ליצירת מוטיבציה.

כאלטרנטיבה יעילה, ניתן לבחון את דרכי ההוראה והחינוך ולשנותן.

כיצד?

המפתח ליצירת מוטיבציה אצל תלמידים עם קשיי קשב הוא בשינוי סביבת הלימודים והתאמה שלה לצרכים הספציפיים. מניסיוני, אם משלבים בין התאמת מרחב ודרכי הלמידה ובין יצירת קשר אישי רציף ובנייה של מערכת אמון, ניתן לחוות הצלחה משמעותית.

על תוכנית הלימודים להיות מעוררת, מגרה ורלוונטית עד כמה שאפשר לחוויות חיי התלמידים. מחקרים מראים שתוכניות לימודים שאינן רלוונטיות לעולמם של התלמידים, מובילות לרוב להתנהגויות מפריעות, לביצועים לימודיים נמוכים, להתקדמות מוגבלת ולנשירה מהלימודים.

תלמידים עם הפרעת קשב יגיבו בחיוב לתוכנית לימודים שתספק להם אפשרויות ובחירות. סביר גם שישתתפו יותר בשיעורים וייקחו חלק פעיל במשימות, אם תהיה בהם מידת מה של יצירתיות וחדשנות. כדי לשמר את המוטיבציה של התלמידים האלה, על המורים להתמיד במהלכים שהזכרנו, ולשקול מעת לעת אם הדרך שבה הם מעבירים את החומר הנלמד הספציפי היא הטובה ביותר.

הנה כמה אסטרטגיות לימוד שמעוררות מוטיבציה:

- צרו סביבה פיזית מובנת ומותאמת.
- הבהירו מה הם הכללים, הגבולות והציפיות שלכם מהתלמידים. הקפידו להעביר את הדברים באופן ברור; ערכו רשימה ותלו אותה בכיתה.

- בכל משימה הנחו את התלמידים בפשטות, צעד אחר צעד.

- הפעילו ערוצי קלט מגוונים ורבים ככל האפשר (לדוגמה, הכתיבו הנחיות תוך כדי כתיבתן על הלוח).

- הציעו מדי פעם הפסקות, כדי לאפשר לתלמידים להירגע ולחדש כוחות.

- היו ערים לצורך של התלמידים בפעילות ובתנועה, ואפשרו זאת באמצעות תכנון פעילויות מעודדות תנועה.

- לפני שאתם מספקים לתלמידים הוראות והנחיות, ודאו שהם קשובים לכם. אפשר לגייס קשב באמצעות ציון שם התלמיד, או בסימן יד מוסכם. לאחר מתן ההנחיות, בקשו מהתלמיד לחזור עליהן לפני שיתחיל ליישמן. תלמידים רבים עם הפרעת קשב "מומחים" בלהיראות כמבינים – ובעצם לא ירדו לסוף דעתכם.

- השתמשו ברמז או בסימן פרטי שתוכלו לסמן לתלמידים במקרה שהתנהגותם או הקשב שלהם מתחילים להידרדר.

- אל תדגישו יחד איכות וכמות. משימות ארוכות ומורכבות הן קשות עבור תלמידים עם קשיי קשב. עדיף להציב חמש בעיות מתמטיות ולצפות לפתרון מדויק, מאשר להציב עשרים בעיות וליצור בלבול ולחץ אצל התלמידים. לרוב זה יסתיים בעשרים תשובות שגויות.

- הנחו את התלמידים לחשוב מעט (כעשר עד חמש עשרה שניות) לפני שהם עונים לשאלות מילוליות. ייתכן שהתלמידים זקוקים לזמן הזה כדי לעבד את השאלה ולהבינה. ככל שמתאפשר, ספקו קלט חזותי במקביל לשאלה המילולית.

- הימנעו מייחוס סיבות שיפוטיות לחוסר העקביות והאימפולסיביות של התלמידים. זכרו שהתנהגויות אלו אינן בחירתם או אשמתם.

- זכרו שהתנהגויות היפראקטיביות במהלך ישיבה (תיפוף באצבעות, הקשה באמצעות עיפרון, התפתלות בכיסא) הן בסך הכול "שחרור" עבור התלמידים, ונועדו להעלות את רמת הריכוז שלהם. יש להתעלם מהתנהגויות אלו, כל עוד אינן מפריעות לאחרים.

- ספקו לתלמידים עם הפרעת קשב הזדמנויות להפגין את דפוסי חשיבתם המסועפת, היצירתית ובעלת הדמיון העשיר. כבונוס, הכירו במקוריותם.

- תכננו פעילויות מעניינות או מתגמלות לאחר פעילויות קשות. לדוגמה, "שמר, לאחר שתסיים את דף העבודה במתמטיקה, תוכל להאכיל את האוגר". מובן שלצורך זה יש להכיר את התלמידים ואת תחביביהם.

- נסו שיטות הערכה חלופיות המותאמות לתלמידים עם קשיי קשב.

- לעולם אל תיקחו התנהגות חיובית כמובנת מאליה! שבחו וחזקו את התלמידים על שאינם מפריעים, שהם עובדים בסבלנות, נשארים ישובים בכיסא ומשתפים פעולה.

חזרה מהחופשה

גם לצוות בית הספר יש מקום משמעותי בתהליך החזרה לשגרה. אם אתם מורים, חשוב שתקראו את ההמלצות הבאות:

1. תנו לילד ביטחון שהוא חשוב לכם

ילדים בכלל, וילדים עם הפרעת קשב בפרט, מרגישים צורך לשתף ולספר על חוויותיהם. חשוב לתת להם את הזמן הראוי לכך. זו עוד דרך לגרום להם להרגיש שייכים, רצויים ומשמעותיים.

2. רעננו את הנהלים

בשביל תלמידים עם הפרעת קשב, החופשה (כל חופשה, לא רק בקיץ) "מוחקת" את כל מה שנאמר להם לפני היציאה לחופשה. לכן מומלץ מאוד לרענן את הכללים, גם אם אמרתם אותם לפני ימים או שבועות ספורים.

3. שמרו על הדרגתיות מסייעת

גם החזרה לשגרה צריכה להתבצע באופן הדרגתי ויעיל. כדאי להתחיל בחזרה ובאזכור של החומר שכבר נלמד, לערוך בדיקת ידע, ורק אז להתחיל בלימוד החומר החדש.

ויש גם יתרונות

אנחנו מתקרבים לסוף הספר – והאמת, קצת עייפתי מלכתוב עד כמה קשה
לחיות עם הפרעת קשב. אני לא ממעיט בחשיבות ההשלכות של הפרעת קשב על
חיינו, אבל אפשר, ובעיניי חובה, להתייחס למצב מנקודת מבט אחרת, חיובית
יותר. לי זה מאוד עוזר.

ברור לי שהפרעת קשב לא עוברת, לכן יש לי שתי אפשרויות: לתת לקשיים
לכלוא אותי ולהקשות על חיי – או לנצל את יתרונותיהם ולהשתמש בהם באופן
יעיל, תורם ומעצים.

וזה בהחלט אפשרי. לכל מטבע שני צדדים, ואת הלימונים האלה בהחלט
אפשר להפוך ללימונדה. הנה כמה דוגמאות:

מוסחות יתר? הזדמנות לגלות עולמות חדשים!

במשך כמה עשורים ניסיתי, בדרכים שונות ומשונות, להילחם בהסחת
הדעת שלי, אולם בשנים האחרונות למדתי לקבל ולהעריך אותה. המוסחות שלי
לקחה אותי למקומות מדהימים, שאילו הייתי חושב באופן מאורגן ומובנה, לא
הייתי חולם להגיע אליהם.

למשל, באחד הטיולים שלי הגעתי לאזורים שלא ידעתי על קיומם, וכמובן
לא תכננתי להגיע אליהם, אך גיליתי אותם בזכות המוסחות שלי בזמן הנהיגה.
המקומות הללו, בסופו של דבר, הם ש"עשו" לי את כל הטיול.

בזכות המוסחות פגשתי אנשים מיוחדים והעליתי רעיונות ופתרונות
שלכאורה נראו לא קשורים לסיטואציה, אך בדיעבד התבררו כמעולים וכמועילים.

פיזור דעת? חשיבה מחוץ לקופסה!

כמעט לא עובר יום שאיני מפתיע את עצמי ושואל, "מאיפה הגיע הפתרון הזה? איך חיברתי את הדברים בצורה שכזו?" נכון שקשה לשחזר או ללמד כיצד אני חושב, אבל התשובה היחידה שמצאתי לשאלה היא, הפרעת הקשב שלי.

לצערי, לעיתים מערכת החינוך מדכאת את היכולת הזו ומתעקשת על חשיבה מקובעת ועל המסר שאומר "אסור לצאת מהקווים". אבל כולם נמצאים בתוך הקווים ומגיעים לאותם הפתרונות. אלה שחורגים מהקווים, לעומת זאת...

מופרעות? יצירתיות!

פעמים רבות אני שומע שאני "יצירתי". אני לא חושב שיצירתיות היא תכונה ייחודית של הפרעת קשב, כי לתפיסתי כל אחד יצירתי בדרכו.

מה שכן – כנראה השילוב בין הסימפטומים של הפרעת קשב והתכונות של הסחת דעת, חשיבה מחוץ לקופסה והתמקדות יתר, מעצים את היצירתיות ונותן לה ממד אחר.

מיקוד יתר? העמקה!

הפרדוקס הגדול, הלא פתור והחביב עליי הוא, חוסר היכולת שלי להתמקד לאורך זמן במשהו – מול עודף היכולת שלי להתמקד בדבר מסוים שמעניין אותי. במקרים כאלו אני מגלה יכולות לא מוסברות.

אני מאוד אוהב את הזמן שבו אני "צולל" פנימה לתוך נושא שמעניין אותי ומעמיק בו. זה יכול להימשך שעות, וזו ברכה.

היפראקטיביות? כפל הספקים!

אתם ודאי מכירים את צמד המילים "משעמם לי". לאורך השנים שאלתי את עצמי, למה טענה זו חוזרת פעמים רבות אצל אנשים עם הפרעת קשב?

מתוך היכרותי עם הדרך שבה המוח שלי פועל, הבנתי שאני צריך גירויים חדשים כדי להשאיר את מוחי "ער". דמיינו מה קורה בכיתה שבה לומדת קבוצת ילדים, והנושא מעניין אותם. אחרי ההסבר הראשון אחד הילדים מבין ורוצה להתקדם – אבל למורה יש צורך לחזור ולהסביר שוב.

במצבים כאלה אני נכנס למצב של "שעמום" וחוסר עניין, ומוחי נודד
למקומות אחרים. כשהבנתי זאת בלימודיי באוניברסיטה, התחלתי להפוך את
הבעיה להזדמנות. הייתי משתדל לזהות מתי השעמום עומד לפרוץ – ואז פונה
לעסוק במשהו אחר, עד שהמרצה היה ממשיך הלאה.

•

וכמה מילים לסיכום:

במשך שנים ארוכות חלמתי לכתוב ספר. שנים שבהן חששתי, דחיתי, ולא חשבתי שאני ראוי לכך. עדיין איני בטוח שאני ראוי. בשנים הללו דמיינתי את הספר בראשי, הרגשתי את המילים בליבי, אך צפנתי אותן עמוק בתוכי.

עם הזמן שכחתי ממנו.

עד לאחרונה. בזכות רבים מכם, אנשים שאני פוגש מדי יום, בהרצאות ובמפגשים ברחבי הארץ, אט אט החלום חזר להופיע. הספר המיוחל הביט בי שם, מעבר לחומות הבושה, וביקש לצאת לחופשי.

והנה, אחרי יגע רב, אינספור התלבטויות וחודשים של כתיבה, הוא כאן. אחרי כל כך הרבה עריכות, תוספות ומחיקות, דמעות של ייאוש ודמעות של שמחה, וכמעט ויתור (פעם בשבוע לפחות), הנה הוא מונח לפניכם.

בספר זה הכנסתי את נשמתי, ליבי וניסיוני. בכל רגע של כתיבה עלו במוחי מחשבות ושאלות: איך מגבירים את התקווה? כיצד נותנים לילדים ולהורים כוח? באילו מילים לבחור כדי לעורר את הניצוץ?

כי זו המטרה האמיתית של הספר. כי אחרי כל המילים, ההגדרות הדיוקים וההבחנות, עומדים שם ילד או ילדה מבוישים, שכל מה שהם רוצים זה להרגיש רצויים ואהובים. והם מביטים הצידה, ובלי מילים שואלים "מי יכול להאמין בנו?"

והלוואי שפה, בין ים המילים, הצלחתם להתחבר לאותה אמונה בעצמכם, בילדיכם ובעוסקים בחינוככם.

לצלם, להדפיס
ולתלות על המקרר

אומרים שהורות בכלל, והורות לילדים
עם הפרעת קשב בפרט, מאתגרת.
לפעמים היא כוללת רגעי ייאוש,
תחושות אשם וחוסר אונים.

מצד שני, כשאנחנו עסוקים בעשייה,
הדברים נראים אחרת.
כל יום הוא התחלה חדשה,
וחשוב להתחיל אותו באופן מעצים.

הנה חמש אמירות "כן"
וחמש אמירות "לא"
שעוזרות לי לעבור
עוד יום בהצלחה.

אפשר לצלם, להדפיס ולתלות על המקרר

כן, אני יכול
אני מאמין בעצמי ובך. אני מאמין שלמרות
הקשיים, העתיד ייראה טוב יותר.

כן, אני עושה
את כל מה שאפשר
אני לוקח אחריות, אני מוביל את התהליך
ואני זה שמנהל אותו.

כן, אני שם בשבילך
אני מתווך, מכוון, שומר, מציב גבולות, דורש
ולא מוותר, לא לך ולא עליך.

כן, אני מקשיב
אני מקשיב לרחשי ליבי, לקול הפנימי
שמכוון אותי. אני מקשיב לך ומנסה להבין
מה מתחולל בתוכך ואיך לעזור לך.

כן, אני אוהב
אני מראה את אהבתי לך. בחיבוק,
במילה טובה, בטפיחה על השכם ואף במבט.

אני לא חופר

אני מדבר קצר ולעניין. בלי למה ומדוע, בלי לחזור שוב ושוב על אותו הדבר. די, זה מתיש (גם אותי).

אני לא שואל "מתי תהיה אחראי?"

זה משפט חסר משמעות וחסר תוכן. אם אני רוצה שיהיה אחרת - אני מדגים איך עושים זאת. אני מחלק את המטלה, מראה אותה בשלבים ומוודא שזה קורה.

אני לא מבקש הכל ביחד

אם אני מבקש כמה דברים במקביל - שום דבר לא יקרה. אני מבקש משהו אחד בכל פעם.

אני לא נכנס לוויכוחים

אם אכנס לוויכוח לרוב אפסיד - וגם אתה.
"לא" שלי הוא "לא", מילה שלי היא מילה,
ואני מציב גבולות.

אני לא מבקש להוריד קול

אני לא מבקש ממך לדבר חלש. זה הקול שלך, זו לא בחירה שלך לדבר בקול רם. זה מי שאתה.

Made in the USA
Las Vegas, NV
25 May 2022